JN096874

The Uyghur of
Faith and
Cross-borders

信仰と越境の

「進歩」の共和国から
復興のイスラム共同体へ

中屋昌子 Masako Nakaya

ウイグル

文理閣

まえがき

　ウイグルは独自の国家を持たない民族である。1000万人を超える人口を擁しながら、中国の版図に組み込まれたため、自決権を有する確固とした近代国民国家を樹立することが出来なかった。そのため、民族の精神的支柱となる宗教信仰が政治的な制約を受け、共産党政権になってからはその制約が断続的に苛烈を極めて、郷里での信仰生活に絶望した敬虔なウイグルは異国への離散を余儀なくされた。本書はこのような政治環境のもとに置かれ続けたウイグルの信仰と越境を、改革開放以降を中心に分析したものである。

　ウイグルの郷里である新疆ウイグル自治区は、ユーラシア大陸中央部の「中央アジア」とよばれる一帯に位置する。同地はアジアとヨーロッパ、そして中東の文明が交差したことから、かつては神秘的なイメージで語られることが多かった。しかし、近年、神秘的なイメージは一変し、共産党政権下の宗教弾圧やウイグルの人権抑圧に焦点を当てた報道が多くなっている。

　ウイグルを離散に至らしめた共産党政権の宗教政策とはどのようなものなのか。改革開放後の宥和政策の復活を経て共産党政権が宗教統制を再強化する背景となったイスラム復興は新疆ではどのように進んだのか。ウイグルは新疆からどのように離散し、離散先のトルコでどのような宗教的なコミュニティを創出しているのか。これが本書の問いである。

　その問いに答えるために、本書では共産党政権成立以来の中国の宗教関連法令を整理し、その法令を支える中国独自の宗教的理論を明らかにするとともに、離散したウイグルに聞き取り調査を行って、実態解明を進めた。本書では、改革開放の黎明を捉えて中国を緊急出国したウイグルや、昨今の世界的なイスラム復興のもとでパスポートを持たずに離散したウイグル、民族主義者として亡命しながらも現地でイスラムに覚醒し、今では離散者のコミュニティの生活を支えるウイグルに聞き取り調査を行っている。

　中国共産党は宗教を当面は容認するが、宗教に頼らなくてもよい社会にするために、段階的に宗教を死滅に導く方針を採用している。一方、ウイグルにとってはイスラムは精神的支柱であり、現世は「最後の審判」のあとに到

来する永遠の来世のために善行を積むべき時期である。ウイグルと中国共産党政権とのあいだで「現世」と「来世」、「現在」と「未来」の「教義」と「真理」をめぐって激烈なせめぎあいが勃発していると言ってよい。そして、離散先のトルコにおいては信仰を共にするウイグルやトルコの商人が離散者を支え、イスラムの国際的な支援ネットワークを形成している。国境を跨ぎ、双方の「正義」がぶつかり合うところにウイグル問題の複雑性がある。

　本書の分析によって、ウイグルを巡る信仰と越境の世界が明らかになるであろう。

　本書は、同志社大学大学院グローバル・スタディーズ研究科に提出した博士論文『トルコは如何にしてムスリム・ディアスポラを受け入れたか：ウイグル亡命者の軌跡をたどる』に加筆修正したものである。そのうち、第2章は、「中国における『イスラーム復興』と宗教統制について：新疆ウイグル自治区の事例から」（『イスラム世界』第80号、2013年、pp.1-42）、第5章は、「社会主義の国からアッラーの道を求めて：トルコへ移住したウイグル宗教家のライフ・ヒストリー」（澤井充生・奈良雅史編『周縁を生きる少数民族：現代中国の国民統合をめぐるポリティクス』勉誠出版、2015年、pp.181-216）が初出である。

目　次

第3章　サラフィーのウイグル

凡　例

本書で用いるウイグル語は、以下にもとづいて表記する。

ウイグル語の表記

ウイグルコンピューター文字（UKY, Uyghur kompyutér yéziqi）で表記した。
本書は菅原純（2009）『現代ウイグル語小辞典』（東京外国語大学アジア・アフ
リカ言語文化研究所）による。

序　章

はじめに

　アジアとヨーロッパが出会うトルコ最大の都市イスタンブルには、世界最大のウイグル・コミュニティが形成されている。そのコミュニティのなかには、民族運動や民主化運動によって新疆ウイグル自治区（以下、新疆）を離れざるを得なかった活動家、テュルク系民族最大の国家であるトルコに新たな可能性を求める留学生、中国とトルコの間で商機を見出そうとする商人、信仰の場をトルコに求める敬虔なムスリムなど、さまざまな背景を持つウイグルが暮らしている。

　このようなさまざまなウイグルが暮らすイスタンブルのウイグル・コミュニティにおいて、大きな勢力になっているのが、宗教を主な理由にトルコで亡命生活を送るウイグル[1]である。敬虔なムスリムであるがゆえに祖国からの亡命を余儀なくされた人たちが目指すトルコは、ウイグルからもうひとつの「故郷」と位置づけられている。彼らは信仰のために新疆を離れ、地球のほぼ半周に相当する距離を移動しながら、トルコに安住の地を求めた。

　このような宗教的なウイグルの亡命は改革開放政策の開始とともに散見されるようになり、2011年頃から2015年頃にかけて特に多発した。彼らはトルコのイスラム復興と連動することによって、世俗的な理由で移住したウイグルをも信仰の世界に巻き込みながら、ウイグルのコミュニティのなかで一大勢力を形成し、影響力を高めている。

　本書では、主に改革開放政策の開始直後から2015年頃までの間に宗教的な理由によってトルコで亡命生活を送ることになったウイグルに焦点を当て、亡命に至った経緯とその背景、亡命の形態、亡命先での信仰形態、世俗的なウイグルに与えた宗教的影響、トルコのムスリムコミュニティとの協調関係について明らかにする。

2

1. 問題の所在

(1) 新疆ウイグル自治区、およびウイグルの民族名称について

　ウイグルの故郷である新疆は、中国の西北部に位置し、カザフスタン、クルグズスタン、タジキスタン、アフガニスタン、パキスタンなど8つの周辺諸国と国境を接している（図1）。人口2359.73万人のうち主にイスラムを信仰する民族が1418.64万人を占め[2]、そのうち79.7%がウイグルを主体としたテュルク系民族である[3]。

　ウイグルは、新疆のオアシス都市に居住し、特有の歴史・民族習慣を育んできた。ウイグルがまだ「ウイグル」という民族名を持たなかった前近代、彼らは異邦人に対しては「その土地の者（イェルリク）」と称し、異教徒に対しては「ムスリム（ムスリマン）」と称していた。今日の民族名称である「ウイグル」は、1921年にソヴィエト領在住の東トルキスタン出身者の代表者会議で、ウイグルをひとまとまりのものとして扱う民族概念として登場して

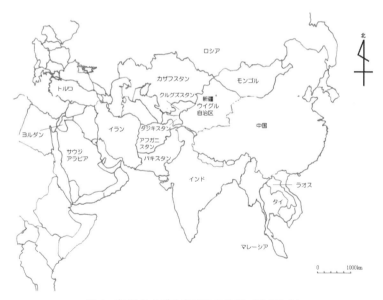

図1　新疆ウイグル自治区の位置（筆者作成）

いる。この民族概念は、新疆においても、親ソ路線政策をとる盛世才によって 1934 年に使用が開始され、この時に「維吾爾」（weiwuer）という漢字表記が採用された。中華人民共和国建国後の民族識別工作においてもこの民族概念は踏襲され、中華民族のなかの少数民族としての「ウイグル」に分類されている。ウイグルは、実際には、クルグズスタンやカザフスタンなどにも多数居住しており、中国の国境と民族的な境界線が一致しているわけではないが、大半は新疆に集中している。

(2)　ウイグルの亡命の歴史的経緯

　ウイグルをはじめとするテュルク系ムスリムの居住する新疆が、中国の政治的枠組みに組み込まれたのは 18 世紀半ばのことであった。清朝によって征服され、新疆、すなわち「新しい領域」と呼ばれるようになったことが契機である。

　新疆が清朝に統治されていた初期の頃、天山以北は準部と呼ばれ、以南は回部と称されていた。準部では、清朝の直接的な軍政が敷かれていたが、回部ではオアシス都市の外に少数の軍隊を駐屯させるのみであった。回部の民政は主要オアシスに駐在する清朝官僚の管理の下、清朝によって役人に任用された現地の有力者であるベグたちに委ねられており、モスクやマザールの建設、マドラサ（イスラム諸学の高等教育施設）の開設、その他のワクフ（財産寄進）の設定なども活発であった。清朝の統治は、コーカンド・ハン国から東進して来たヤークーブ・ベグの支配などにより一時中断されたものの、左宗棠が新疆を再征服し、新疆省が設置（1884 年）されると、内地と同様の統治体制下に置かれるようになった。漢族優位の支配体制となって、中華民国にもそのまま新疆省として引き継がれた。宗教に対する管理が進められ、ワクフやウシュルは[4]ムスリム共同体の自主的な管理から離されて、次第に政府系団体のウイグル族文化促進会によって管理されるようになった［新疆維吾爾自治区叢刊編輯組『中国少数民族社会歴史調査資料叢刊』修訂編輯委員会 2009b：3][5]。

　こうした政治的状況のなかで、ウイグルをはじめとするテュルク系ムスリムは、たびたび異民族支配に対して反旗を翻した。漢化が進むなかで、教育

によって自らの文化を死守するために、漢族文化圏とは異なる知識を持った
テュルク系知識人を求めはじめた。1910 年代から 20 年代にかけては近代的
な教育方法に基づいた学校（新方式学校）を設立する活動も行われている。
汎トルコ主義の拡大のなか、オスマン帝国からアフメト・ケマルなる青年が
カシュガルに来訪し、カシュガルの東北のアルトシュの町に師範学校を設立
し、この地方における民族主義的教育運動の中核となった［濱田 1999：
198]。武力による反乱もたびたび発生し、特に 20 世紀前半に二度にわたっ
てテュルク系ムスリムが「東トルキスタン共和国」を樹立したことは、ウイ
グルの歴史的記憶として深く刻み込まれている。

　しかし、中華人民共和国が建国され、共産党政権が成立すると、宗教の管
理というレベルを超えて宗教そのものが否定的に捉えられるようになった。
当初は宥和の観点から、信仰そのものが即座に禁止されることはなく、信仰
の自由を原則論的に規定した憲法の下で、マドラサがわずかながらも存在し
て、小学校にも宗教のクラスがあったが、次第に左傾化が進んでいくと新疆
のイスラムを支柱とした社会制度や実践は徐々に解体や制限を余儀なくされ
た。ムスリム社会にとって重要な宗教資産であるワクフは廃止され、マドラ
サも閉鎖に追い込まれた。さらには、相次ぐ政治運動によって、個人の内面
を改造することを余儀なくされた。特に文化大革命（1966 年‒1976 年）にお
いては、吹き荒れた激しい政治運動と政治対立の嵐のなかで、急進左派の
「造反派」が優勢であった地域を中心に宗教に対する激しい糾弾が行われた。

　改革開放後、1982 年に革命以来の宗教政策の歴史総括が行われ、建国当
初の宥和的な宗教政策の再評価が行われると、委縮を余儀なくされていたイ
スラム信仰が再び活発化し、イスラム復興がみられるようになった。モスク
の修復・再建が進んだほか、メッカ巡礼者数も増加し、さらには私的な宗教
クラスも広がりをみせるようになった。対外開放やメッカ巡礼の機に乗じて
宗教的な亡命を図るウイグルも散見されるようになった。

　こうしてイスラム復興が活発化すると、危機感を抱いた政府による宗教の
管理と統制が再び厳しさを増すようになった。特に 2009 年 7 月 5 日に起き
たウルムチ事件以降は女性の服装規定が設けられ、未成年者への宗教教育の
制限が徹底されるなど、中国当局による締め付けが強まっている。信仰の自

由を原則論的に規定した憲法や政策が依然として有効であるなど、信仰そのものが完全に禁止されている訳ではないにもかかわらず、である。ウイグルは、統制の厳格化と形式的な信仰の自由が錯綜する複雑な環境のもとに置かれているのである。

　こうした複雑な環境のなかで、特に 2011 年頃から同じテュルク系民族の大国であるトルコに亡命するウイグルが続出した。トルコでは、亡命したウイグルによってコミュニティが形成され、世俗的理由で移住したウイグルをも信仰の世界に巻き込みながら、イスラム復興が活発化している。そして、そのコミュニティはトルコ人やトルコの関係諸機関のネットワークによって支えられ、重層的な広がりをみせている。ウイグルを巡るイスラム復興は、国家の枠組みを超えた社会現象になっているのである。

(3) 信仰と越境

　宗教を理由とするウイグルの越境は、新疆とトルコの間を行き来する単純な往来の概念に収まるものではない。なぜならば彼らの越境は単なる移民や出稼ぎなどではなく、信仰ゆえに故郷を離れざるを得なかった越境であるからである。ウイグルのトルコへの越境と言えば、中華人民共和国建国直後に中華民国国民政府新疆省の役人であったムハンマド・エミン・ボグラ、エイサ・ユスプ・アルプテキンらが亡命した事件が歴史的に著名である。トルコ人研究者ウシュック・クシュジュ（Işık Kuşcu）もこの事件について調査している［Kuşcu 2013］。ただ、彼らはテュルク民族主義者のリーダーであって、改革開放後に宗教を理由にディアスポラとなったウイグルとは性格を異にする。本書は、改革開放後に信仰ゆえに故郷を離れざるを得なかったという越境や、こうした越境者が世俗的なウイグル亡命者をも、宗教的なウイグル・コミュニティに巻き込むところに焦点を当てる。

　中国は、敬虔なウイグルを「宗教的な過激主義者（宗教極端分子）」という表現を用いて非難している。一方で、宗教的なウイグルの間では、信仰と共に生活をする亡命者のことを「聖なる移住者（ムハージル、muhajir）」と敬称している。また、信仰のために新疆を離れトルコに渡るその行為を中国は「密出国（偸渡）」と非難するが、宗教的なウイグルの間では、預言者ムハン

マドになぞらえて「聖遷（ヒジレット、hijret）」と賞賛されている。中国と宗教的なウイグルの間には評価が逆転する現象が常に存在している。

　こうした評価の逆転現象は、イスラムと国家が対立するところでは普遍的に観察されるものであるが、新疆の場合は極端である。その極端さについては、中国の共産党政権による特異な統治の枠組みとそれを背後で支える宗教理論の理解を必要とする。

　もちろん、トルコに亡命したウイグルのイスラム信仰は、同じムスリムであるとは言っても一様なものではない。トルコにおけるウイグルのイスラム信仰は、筆者の聞き取り調査のなかでも少なくとも３つに大別された。ひとつは、ウイグルの伝統的イスラムであるスーフィー（神秘主義者）である。２つ目は、新疆で若い世代を中心に近年増加したサラフィーのイスラムである。３つ目は、世俗的な理由によって亡命し、トルコでイスラムに覚醒したウイグルが信仰するイスラムである。この場合、亡命の主たる理由は出国時点では宗教ではなかったが、亡命先のトルコでウイグルのイスラム復興に巻き込まれて宗教的に覚醒し、亡命生活を送る理由が宗教へと変化したパターンになる。ウイグル・コミュニティの亡命者のイスラム信仰は、信仰形態の多様性とその背景に着目して、構造的に把握されなければならない。

　本書では、こうした点を踏まえつつ、改革開放後にトルコに渡ったウイグルに焦点を当て、中国の政治体制のもとでイスラム信仰がどのような統制を受け、如何にしてトルコに至ったのか、トルコにおいてどのようなイスラムを実践しようとしているのか、トルコで如何にしてイスラムに再覚醒したのか、について検証する。

2. ウイグルのイスラム復興、および宗教政策に関する先行研究

　宗教的なウイグルの越境は、ウイグルのイスラム復興を基礎とする。これについては、これまで幾人かの研究者によって分析が進められてきた。例えば、グラム・E・フラー（Graham E. Fuller）とジョナサン・N・リップマン（Jonathan N. Lipman）は、新疆におけるイスラム信仰の現状について幅広く情報を収集し、政府の宗教統制に焦点を当てて、宗教指導者や宗教施設、信

徒、教義、教育が直面している事態について概観している［Fuller and Lipman 2004］。また、ガードナー・ボビンドン（Gardner Bovingdon）は、信仰の自由に関わる民族自決に焦点を当て、漢民族中心の中央集権的な共産党体制のもとでのその限界性について言及している［Bovingdon 2010］。新免康は、1949年から1990年代初頭までの宗教政策と新疆におけるイスラムの信仰の実態について通史的に整理し、そのなかで、1980年代前半における宗教の復権や、1980年代後半から強化された宗教活動管理とその適用範囲の拡大について非常に興味深い考察を行っている［新免 1992］。このほか、エドマンド・ウェイト（Edmund Waite）は、改革開放の進展に伴うワッハーブ派の流入に着目し、イスラム復興の国際的連動性と現地ムスリムとの軋轢について分析している［Waite 2007］。コリン・マッケラス（Colin Mackerras）は、ウイグルのエスニック・アイデンティティはイスラムによって強固なものとなっていると指摘しつつも、イスラム過激派はごく一部に過ぎず、大多数のウイグルは過激主義やテロリズムとは関係がないことについて言及している［Mackerras 2018］。トルコ人研究者 G. アフメットジャン・アセナ（G. Ahmetcan Asena）は、トルコ人の視点からテュルク系民族であるウイグルと漢人との文化的相違を示すとともに、中国政府がイスラム信仰を異質なものとして扱っていることについて言及している［Asena 2009］。

　以上の研究は、新疆域内のウイグルのイスラム復興を主に対象としたものとして優れた業績である。国境を越えた枠組みでのイスラム復興についても一部で分析が進められている。その場合、主に外国から新疆へ流入して来るパターンの越境が分析の対象になっているが、本書が着目するのは、新疆において高揚し、新疆からの亡命を通じて亡命先のトルコに及ぶパターンのイスラム復興である。新疆から亡命したウイグルが、亡命先のトルコにおいて宗教的なウイグル・コミュニティを形成し、トルコのイスラム復興と連動しながら形成・拡大している現状を包括的に分析する。

3.　イスラム復興によるディアスポラ

　このようなウイグルのイスラム復興と亡命を、本書は「イスラム復興ディ

アスポラ」と位置付けて分析する。宗教的なウイグルは、イスラム復興を遂げたがゆえに共産党政権との軋轢を増大させ、それによって亡命生活を余儀なくされた。そして、亡命先トルコにおいても世俗的なウイグルをも信仰の世界に巻き込みながらイスラム復興を増大させ、宗教的コミュニティを形成している。故郷からの離散を余儀なくされ、離散先でコミュニティを形成しているという点ではウイグルの亡命はまさしくディアスポラと呼ぶに相応しいものである。そして、離散の原因がイスラム復興であったという点において、宗教的なウイグルのディアスポラは「イスラム復興ディアスポラ」と規定されるべきものとなる。

(1) ディアスポラとしてのウイグル

　そもそもディアスポラ（diaspora）は、バビロニアの捕囚やエルサレムの神殿崩壊、地中海周辺での離散生活というユダヤ人の歴史的経験と結びついた概念である。それは、宗教的・文化的な遺産を共有した離散集団と関係している［バートベック 2014：181］。ただ、今日では、ディアスポラはより広い概念において捉えられることが多く、日本におけるディアスポラ研究で代表的な赤尾光春・早尾貴紀も、「国民国家の枠組みでは捉えきれない人の移動とそれに伴う社会現象を『ディアスポラ』という名で呼ぶ機会が増えてきている」と説明している［臼杵，赤尾，早尾 2009：4］。また、錦田愛子は「ディアスポラとは故郷から離散し、自分の属するネイションを主体とする国家に現在居住していない状態のことを指す」と説明している［錦田 2010：43］。

　ディアスポラの概念が拡がったのは、1991 年に創刊された雑誌『ディアスポラ』（*Diaspora: A Journal of Transnational Studies*）が契機であった。移民研究に際して、それまでは単に個人的な理由によって自ら移民・移住した人々という視点で捉えられていたものが、歴史や政治的な状況、移住先への経路、経験といった移民・移住した人々にまつわる複雑な背景に着目して捉えられるようになったことによる。こうした移民・移住を形容する概念として用いられるようになったのが「ディアスポラ」であった。創刊号に論文を掲載したカヒーク・テレルヤン（Khaching Tölölyan）は、「ディアスポラの概念は、かつてユダヤ人、ギリシャ人、アルメニア人の離散を表現していた

用語であったが、今では、国外移住者、国籍離脱者、難民、外国人労働者、亡命者コミュニティ、海外のコミュニティ、エスニックコミュニティも含んだより大きな領域と意味を共有している」と指摘している［Tölölyan 1991：4］。この指摘について木村自は、「移民研究におけるディアスポラ概念の導入によって、これまで国民国家の枠組みに規定されていた移民エスニシティの研究を、国境を越えて結び付けることが可能となった」と解説している［木村2016：41］。

　ディアスポラの定義は論者によって様々であるが、古典的な定義として広く知られているのはウィリアム・サフラン（William Safran）の定義である［Safran 1991：83-84］。ディアスポラを外国に追放されたマイノリティの共同体と定義している。その特徴は以下の通りである。すなわち、①彼ら、または彼らの祖先が、ある特定の「中心」から離散してきたこと。または２つの「中心」、それ以上の周辺地域からの離散も含まれる。②彼らは元の故郷、その物理的な場所、歴史、業績に関する集合的記憶、ビジョン、神話を保持していること。③彼らは自分たちがホスト国に完全に受け入れられない、おそらくは受け入れられないと信じていること。それゆえ疎外意識や孤立感を感じていること。④先祖代々の故郷を真の理想的な故郷と見なし、その土地に自分や子孫がいずれ戻る（あるいは戻るべき）場所だと考えていること。⑤彼らは集団として、元の故郷の維持、回復、および安全、繁栄などのために尽力すべきであるという信念があること。⑥彼らは個人的にも間接的にも何らかの形で故郷と関係を続けていること。彼らの民族共同体の意識や連帯感を有することは重要な意味を持つ。以上の６点である。

　本書が対象とする宗教的なウイグルの亡命者に即してみると、これら６つの特徴のうち、①特定の「中心地」からの離散や、②故郷の集合的記憶といった本人の帰属意識に関すること、⑥個人的に、間接的に、その故郷と関わり続けていること、そして故郷に対して個人的にも間接的にも何らかの形で関係を続け民族共同体の意識や連帯感を有すること、については完全に合致している。また、④故郷を理想的な故郷として故郷への帰還意識を有することや、⑤故郷の回復や維持、安全、繁栄などのために貢献すべきであると思っていること、については民族主義的なウイグルよりは弱いものの基本的

に合致している。③ホスト国における疎外意識については、国籍の有無が問われる場合には合致している。こうしたことから、宗教的なウイグルの亡命者はディアスポラの概念によって捉えられるべきものであることは明らかである。

(2) イスラム復興ディアスポラとしてのウイグル

　ただし、本書で扱う宗教的なウイグルのディアスポラは、イスラム復興ゆえに離散を余儀なくされたという点で、一種特徴的なディアスポラである。離散の経緯を基準にディアスポラを類型化した現代ディアスポラ論の旗手の1人であるロビン・コーエン（Robin Cohen）は、強制によって離散せざるを得なかった人々であって、集団的な記憶や歴史的経験を保持している人々、いわゆる「犠牲者のディアスポラ」を古典的なディアスポラと位置付け、さらに労働ディアスポラ（年季契約インド人）や帝国ディアスポラ（イギリス人）、交易ディアスポラ（中国人）、ビジネス・ディアスポラ（レバノン人）などの類型を提示して、これらを「グローバルディアスポラ」という概念によって総合している［コーエン 2012］。ここでは、イスラム復興によって離散せざるを得ない人々の存在については想定されていない。ロジャーズ・ブルーベーカー（Rogers Brubaker）は増殖するディアスポラの類型化を「ディアスポラのディアスポラ」だと批判しており、「ディアスポラの普遍化は、ディアスポラの消滅を意味する」［ブルーベーカー 2009：380］と懸念しているが、それでもイスラム復興ゆえの離散は、イスラム復興が焦点となっている現在の新たなディアスポラの類型として重視されなければならないだろう。

　イスラム復興によってディアスポラとなったウイグルは、新疆から離れ信仰の実践のために移住することをヒジュレットとして賞賛し、ディアスポラの結束を固め、ムスリムコミュニティを形成している。デール・F・アイケルマンとジェイムズ・ビスカトーリ（Dale F. Eickelman and James Piscatori）は、イスラムの発展は宗教的な移動と連動していると分析している［Eickelman and Piscatori 1990］。スティーブン・バートベック（Steven Vertovec）は、イスラムは、国境を越えて横断的にムスリムコミュニティを形成する特徴を有すると言及している［Vertovec 2003］。中国ムスリムのディアスポラについて

は、前述の木村はミャンマー・タイ・台湾に越境した雲南のムスリムディア
スポラについて研究している［木村 2016］。王柳蘭は北タイに越境した雲南
のムスリムを丹念に分析している［王 2011］。しかしウイグルのイスラム復
興に重点を置いたディアスポラについての研究はほとんど存在していない。
ウイグルのディアスポラに関しては、イツハク・シホール（Yitzhak Schichor）
の研究が代表的であるが、新疆独立を巡る政治的問題に焦点が当てられてお
り、トルコのウイグルディアスポラ・コミュニティそのものについての分析
は限定的である［Schichor 2007］。ティアン・グアン（Tian Guang）とマヘッ
シュ・ランジャン・デバタ（Mahesh Ranjan Debata）は、アメリカにおける
ウイグルの NGO に焦点を当てているもののイスラムへの言及が少ない
［Guang and Debata 2010］。水谷尚子と王柯は、ウイグルの亡命の経緯と実情
を仔細に調査した優れた研究であるが、宗教的なディアスポラに焦点を当て
た本書とは問題関心を異にしている［水谷 2007、王 2019］。このため、本書
が扱う改革開放直後から 2015 年頃までのウイグルのイスラム復興そのもの
のディアスポラの研究は、研究の空白領域となっている。ウイグルのイスラ
ム復興ディアスポラの分析を進めることは、大きな意義を持つといえよう。

　宗教的なウイグルが新疆を離れざるを得なかったイスラム復興を巡る軋轢
とは何だったのか。彼らは、なぜ、トルコを目指したのか。そして、彼らは
トルコでどのようなイスラム実践を実現しているのか。トルコにおけるウイ
グルの宗教的なコミュニティを考察するためには、ウイグルのイスラム復興
がどのようなものであったのかということから明らかにしなければならな
い。

4.　イスラムと国家

　イスラム復興のディアスポラを議論の俎上にのせる際、大きなポイントに
なるのは、ムスリムの国家観である。特にウイグルの場合は、市場化したと
はいえ共産党が支配する「社会主義国家」のもとに置かれていることから、
国家との関係がさらに特殊なものにならざるを得ない。
　一般に近代国民国家と宗教との関係を議論する場合、西洋近代主義的理念

12

の発端となった「教会と国家の分離」がまず想起される。トーマス・ルックマン（Thomas Luckmann）は、宗教が私的領域に限定され、もっぱら個人の内面の問題にのみ宗教は存在可能となり、「見えない宗教」（invisible religion）になるという、宗教の私生活化を強調した［ルックマン 1976］。そこには宗教を私的な領域にとどめ、世俗的で合理化された社会に近代性を見出す国家の原理が存在すると考えられる。この場合、個人レベルにおいても、公的な領域においては、世俗的な理性によって合理的に思考し行動することが求められる。それは、フランスのライシテに代表されるように、宗教を国家から分離し、私的領域に宗教を留めておくことが「先進的」であるという啓蒙主義的な進化論に立脚したものである。

　しかし、イスラムの場合は、必ずしもこのような近代国民国家の原理と一致するものではない。むしろイスラムは、こうした公的・私的の領域を分けないことを前提とした教義体系となっている。アリー・シャリアティ（Ali Schariati）が指摘するように、イスラムは、絶対的な統治や、絶対意思、自己の顕示、権力、専制、君臨を、神のみに限定し、タウヒードの信仰者は、神以外に服従しない［シャリアティ 1997：197］。信仰の実践として、ある者が人々のためにパン屋を開店したり、社会貢献のために建築の勉強をするならば、建築や取引、店舗そのものが、まさしく宗教儀礼であると論考している［シャリアティ 1997：284］。日々の生活においての行動すべてがイスラムの実践と通じているとみなすのである。さらに、クルアーンには、現世、来世、物質自然世界、抽象世界の区別は存在しない。つまり、われわれが存在する側が現世で、彼らのいる彼岸が来世であるという壁で仕切られた意味での現世と来世は存在しない［シャリアティ 1997：283］。物質的生活と精神的生活、現世と来世は相互に保ち、「現世は来世の耕作地である」といわれるように互いに因果関係をもっている［シャリアティ 1997：285］。この世（現世）であってもあの世（来世）が同時に存在しているという時間軸になる。

　このような教義体系を前提とすると、近代国民国家のなかでイスラムが私的領域に押し込まれれば、信仰の実践の妨げと捉えられることになる。それゆえ、公的領域における宗教の拡大をめぐって、ムスリムと国家とのあいだでせめぎあいが激化するのである。

　したがって、タラル・アサド（Talal Asad）が明らかにしているように、例えば、ムスリムの活動家が社会福祉的な活動（診療所や学校の設立など）を行おうとすると、イスラム主義者というレッテルを張られ、またイスラム運動が国会において社会集団を改良することを呼びかければ、それは「反民主主義的」であるとして妨害される［アサド 2006：261］。国家は、社会空間を宗教、教育、保健といったように分類し、法律で規制することで分断する。また、近代国民国家のもとで、人々は、生産の努力、知識の追求など、絶えず新しいものを求め続け、既定の境界線は絶えず安定性を崩されている［アサド 2006：262, 263］。アーネスト・ゲルナー（Ernest Gellner）は、国家は教育という手段によって国民の均質化を図ろうとしていると指摘している［ゲルナー 2000］。

　本書が対象とするウイグルの場合は、さらに特殊な環境に置かれている。ウイグルが属する中国は、市場化したとはいえ「社会主義国家」であり、宗教に対する理論的枠組みを全く異にする。中国は、依然として共産党政権であって、結局のところあらゆる政策がマルクス主義を基礎とした思想の影響の下にある。

　そもそも中国共産党の宗教に対する認識は、マルクス主義の宗教解釈に基礎を置いているため、「宗教の存在」そのものを「アヘン」と捉えるものである。そして、宗教に頼らなくてもよい社会へと段階的に働きかけていく政策が進められる。それゆえ、中国においては、特にウイグルが集中して暮らす新疆では、資本主義国家の枠組みの下でしばしば議論となるような、私的領域への宗教の閉じ込めや、公的領域における宗教の制限といったレベルを超越して、宗教を存在させないようにする方策が議論の焦点となる訳である。

　要するに、資本主義の国家においては、少なくとも私的領域においては宗教の存在を肯定的に扱い、公的領域における宗教の存在をいかに扱うのかということが議論の中心になるが、ウイグルの属する中国では、社会主義国家ゆえに公的・私的領域に関係なく、宗教を段階的に抹消することが議論の中心となる。こうした宗教を否定的に捉える環境がウイグルの宗教的なディアスポラを生じさせているのである。

5. 調査の概要

　本書は、おもに、トルコイスタンブル県キュチュックチェクメジェ市セファキョイ地区（以下、セファキョイ）と新疆ウイグル自治区を中心に実施した現地調査に基づくものである。

　セファキョイの調査は、2011 年 8 月 31 日から 9 月 14 日、2012 年 12 月から 2015 年 3 月（日本学術振興会「頭脳循環を加速する若手研究者戦略的海外派遣プログラム」）、2017 年 8 月 24 日から 9 月 7 日、2018 年 8 月 24 日から 9 月 9 日、2019 年 3 月 1 日から 3 月 25 日、2022 年 3 月 1 日から 3 月 23 日、2022 年 8 月 20 日から 9 月 9 日、2023 年 2 月 28 日から 3 月 25 日に渡って行った。

　セファキョイは、もともとはバルカン半島に居住していたオスマン帝国時代のトルコ人が多く居住する地区として知られていた。しかし、2009 年 7 月 5 日に発生したウルムチ事件以降は、信仰の自由を求めてトルコに亡命するウイグルが急増したため、ウイグルの宗教的なディアスポラコミュニティが形成されている地区として知られている。筆者の現地調査の方法は、基本的にはウイグルの家庭を訪問し、聞き取りによる調査を行うというものである。

　新疆ウイグル自治区における調査は、2010 年 8 月 16 日から 8 月 19 日、2010 年 9 月 2 日から 9 月 13 日、2011 年 7 月 30 日から 8 月 13 日、2014 年 7 月 20 日から 8 月 1 日にわたって行った。調査地は、主にウルムチ、ホタン、ヤルカンド、カシュガル、アクス、グルジャであった。調査方法は、これらの都市を定点観察し、それぞれの場所で聞き取り調査を行うというものである。聞き取り調査においては、不特定多数のウイグルを対象に調査をした。

　また、本書においては、これらトルコ・新疆での聞き取り調査対象者のウイグルの名前は、プライバシー保護のため、すべて仮名とした。

6. 本書の構成

　本書は、以下の内容で構成されている。

　第1章では、新疆が中国共産党政権に組み込まれてから改革開放に至るまでの歴史的経緯を振り返る。新疆において、それぞれの時期にどのような宗教政策が進められ、その政策のもとでイスラムを支柱とした社会がどのように社会主義化されたのか、またそのもとでイスラム信仰をどのように維持しようとしていたのかについて、せめぎあいの構図を析出する。

　第2章では、新疆のイスラム復興と宗教統制の実態について明らかにする。中国では、形式的には信仰の自由が認められ、新疆においてもイスラム復興が進んでいるが、その一方で、それが徹底した宗教統制のもとに置かれている実態について考察する。そして、信仰の自由と統制が錯綜する複雑な環境は、共産党のどのような理論的背景によるものなのかについて検証し、新疆の宗教統制とイスラム復興の構造的特質について明らかにする。

　第3章では、サラフィーのウイグルに焦点を当て、なぜトルコに亡命することになったのかについて分析する。2009年7月5日に発生したウルムチ事件以降、信仰の自由を求めてトルコに亡命するサラフィーの急増が社会現象となった。その発端となったウルムチ事件とは、いったい、どのような事件だったのかについて明らかにし、この事件に対して同情を示したトルコについて取り上げ、そのことが、ウイグルにトルコへのシンパシーを抱かせ、トルコへの亡命につながったことについて明らかにする。パスポートを所持せずにトルコに亡命したウイグルは、どのような経路を経てトルコに渡ったのかについて聞き取り調査をもとに明らかにする。

　第4章では、もともとは新疆では世俗的であったが、トルコでイスラムに再覚醒したウイグルに焦点を当てる。文化大革命直前に生まれ、改革開放後の1990年代の「自由」な雰囲気を謳歌し、民族主義的に傾倒した者がトルコに来てイスラムに覚醒し信仰の世界に巻き込まれた経緯について明らかにする。この人物の場合は、出国時点では民族主義者であったことから宗教的なディアスポラではなかったが、離散の理由が宗教的なディアスポラに変化

した事例である。

　第5章では、伝統的スーフィーを保持し続けているウイグルに焦点を当てる。この人物は、改革開放以前の新疆のムスリム社会解体の過程とその下で暮らしたウイグルらの信仰のいとなみの生き証人でもある。改革開放の始まりと同時になぜ出国を決意したのか証言をもとに検証する。

　第6章では、ウルムチ事件以降に、宗教的なウイグル亡命者の急増を受けて設立されたNGOに焦点を当て、その設立の経緯を明らかにするとともに、ウイグルがトルコ諸機関やトルコ人からどのような支援を受けてウイグルディアスポラを支えるコミュニティを形成しているのかについて考察する。

　終章では、本書での議論を踏まえながら、トルコにおけるウイグルのイスラム復興ディアスポラにみられる特徴やイスラム復興の形態について総括する。

付記

　本書では、改革開放からトルコへの亡命が多発した2011年頃から2015年頃にかけての時期を分析対象としている。ウイグルの亡命は、2015年頃から国境管理の強化や国内移動の検問強化によって激減した。現在、西側諸国と中国とのあいだで非難の応酬となっている職業技能教育訓練センター（再教育キャンプ）問題は、主に国境管理を強化して以降の問題である。本書はもっぱらそれ以前に亡命したウイグルを対象としているため、職業技能教育訓練センターの問題については扱っていない。職業技能教育訓練センターについては、今後、国境管理の強化との関連も含めて改めて別稿にて検討することとしたい。

注
1) 亡命の理由は個人によって信仰と民族、商売と民族など複合的であるが、亡命生活の最大の理由が宗教であるウイグルを中心に議論を進める。
2) 2020年に全国人口センサス（第七次人口普査）が実施されたが、本書は2015年頃までを対象としているため、『新疆年鑑 2016』掲載のウイグル、カザフ、回、クルグズ、タジク、ウズベク、タタールの2015年の少数民族人口より算出した。東郷、サラール、保安については未掲載のため含んでいない。なお、中国の宗教統計は公表されていない。

3) ウイグル 1130.33 万人、カザフ 159.12 万人、クルグズ 20.22 万人、ウズベク 1.8 万
　人など。
4) ウシュルとはその年に収穫した農作物の 10 分の 1 を喜捨する農民の宗教実践をい
　う。
5) カシュガルコナ県トックザック区の事例。

第1章

新疆における宗教統制の成立過程

はじめに

　新疆におけるイスラム信仰は、新疆が共産党政権下に組み込まれた1949年以来、常に管理と統制の下にあった。ただし、その強度は常に一定であったわけではない。イスラム信仰が現在より遥かに自由な時期もあれば、現在より遥かに多難な時期もあった。共産党政権下のイスラム信仰は、それぞれの時期の政治的状況や経済状況、国際環境などに影響されて大きく揺れ動いてきた（表1参照）。

表1　宗教政策とイスラム信仰実践のせめぎあいの歴史

	1949〜58年	1958年〜現在	
		1966〜78年	
信仰告白	○	○	△ （制度上は○）	△ （18歳未満は不可）
礼拝	○	○	△ モスクで金曜礼拝があった	△ 2001年以降、官製説教テキスト 18歳未満はモスク入場不可
喜捨	○	ザカート× サダカ△ ワクフ×	ザカート× サダカ△ ワクフ×	ザカート× サダカ△（モスクのみ） ワクフ×
断食	○	○	△ （制度上は○）	△ 18歳未満は不可
巡礼	○	×	× （密出国は不明）	△ 2005年以降、官製ツアー以外 は不法
教育	○	△ 宗教学校は 北京に1校のみ	×	公立のみ許可、私設宗教学校禁止 18歳未満への宗教教育は不可 △

出所）筆者作成

　本章では、ウイグルの証言を交えながら、新疆が共産党に占領されてから今日に至るまでの歴史的経緯を振り返り、それぞれの時期の宗教政策とイスラム信仰のせめぎあいの構図を析出する。これによって、現在のウイグル社会におけるイスラム信仰の特質が、そもそもどのような背景によって形成されたのかを解明する。

1. 「階級」とイスラム（1949年から1957年）

　新疆における宗教政策とイスラム信仰のせめぎあいは、共産党政権成立の時から顕著になった。ただ、その初期においては、必ずしもイスラム信仰のすべてが大きな制約を受ける状態にあった訳ではない。信仰告白や礼拝、喜捨、断食、巡礼に関して何らかの制度的な規制があったという記録は管見の限り見当たらず、宗教学校なども存在していた。このことは、唯物論を掲げる共産党政権を念頭に考えれば、やや意外に思えるかもしれない。しかし、ウイグル社会を勢力下に収めたばかりの共産党が、現地で直面していたであろう現実を冷静に考慮すれば、特に不思議なことではない。軍事的に新疆を制圧したとはいえ、隣国ソ連から漏れ伝わる宗教弾圧の情報もあって、共産党は新疆において人心を掌握できておらず、国境地帯であることも手伝って宥和政策をとらざるを得なかった。共産党はウイグルの宗教感情を考慮して強引に唯物論を押し付けるようなことはせず、当初は自らのイデオロギー的信念とウイグル社会の貧困層を味方に引き寄せるという観点から（統一戦線）、イスラム社会の支配層であった領主（宗教指導者）や地主（資本家）の排除と土地や財産・資本の再分配、そしてその集団所有化に全力を集中させていた。

　例えば、南新疆の中心都市カシュガルでは1952年10月に人民政府が樹立されたあと、1953年の1月から5月にかけて裁判所や検察、警察などの権力機構の整備が進められ、同年7月から10月にかけて地主所有地の没収と貧農への分配が行われている。また、商工業部門においては1953年12月から比較的大規模な資本に対する「社会主義改造」を開始している。その後、1955年3月から農民に分配した土地をベースにして農業の「合作社」化（農

民の土地所有を前提とした協同組合化）が進められるとともに、1956年からは
零細資本や個人商店の協同組合化が進められたが[1)]、宗教信仰に関しては特
に大きな制限が課せられることはなく、社会的にも宗教は濃厚な雰囲気を維
持し得ていた。

　この時期のウイグルの信仰実態は、新疆維吾爾自治区叢刊編輯組『中国少
数民族社会歴史調査資料叢刊』修訂編輯委員会編［2009b］などによっても
窺い知ることができる。例えば、1955年にコナシェヘル県トックザク区第
六郷で行われた実態調査は、共産党系の調査グループによる調査であるた
め、表面的にはその脱イスラムぶりを強調する記述になってはいる。しか
し、この資料を裏から読み解くと、共産党に対する警戒心と不信感のなか
で、最盛期より少なくなったとはいえ、信仰を維持していた人が少なくな
かったことが分かる。例えば、「礼拝」についてみてみると、村で最大のモス
クで金曜礼拝をする人は、過去に200人程度いたようであったが、共産党
政権になってからも10人から40〜50人が礼拝に参加していたことが報告
されている。「喜捨」は、「ウシュル」や「ザカート」を施す人が少なくなっ
てきたと報告されているが、要するに払っていたのである。「断食」は3分
の1に減少し、青年を中心に公然としない人がいたというが、このことは公
然と断食をしないことが社会的には憚られる雰囲気であったことを暗に示し
ている。「巡礼」に関しては、「ハッジ」の地位が非常に高く人々から尊敬を
されていると記述されている［新疆維吾爾自治区叢刊編輯組『中国少数民族社
会歴史調査資料叢刊』修訂編輯委員会編 2009b：5，6］。

　ただし、いくらイスラム信仰が保障されているとはいっても、共産党が重
点的に進めた「封建的社会構造の基盤」や資本主義的所有関係の解体が、ウ
イグルのイスラムを支柱とした社会に影響を与えなかった訳ではなかった。

　第一に「封建的社会構造の基盤」の解体に際して、一部の「ワクフ地」が
地主所有の隠れ蓑とみなされて解体に追い込まれたことがあげられる。新疆
にはモスクやマザール（聖廟）、宗教学校が所有していたワクフ地のほかに、
各種ワクフ地[2)]が存在していた。新疆全体でいえばワクフ地は159万畝
（106,000ha）に上り、全耕地の6.64％を占めていたという［『当代中国』叢書編
輯部編1991：81］。個別のモスクでは、例えばコナシェヘルのチャパンバザー

ル大モスクは 5000 畝超（約 333ha）、エイティガールモスクは 3000 畝超（約
200ha）を所有していた［新疆維吾爾自治区編輯組『中国少数民族社会歴史調査
資料叢刊』修訂編輯委員会編 2009a：99，100］。ワクフ地は宗教寄進財である
から、論理的には「階級闘争」に主眼のある土地改革の射程範囲外になりそ
うであるが、ワクフ地の一定割合が、土地改革の際に共産党によって実質的
な地主所有地と見なされた。ワクフ地の多くが地主に貸し出され、地主が小
作人に耕作させていた、というのがその根拠であった。表 2 の「階級別土地
所有状況」によると、地主がワクフ地の 42.2% を実質的に「所有」していた
と判定されている。共産党は「ワクフ地は、形式的には公有の土地制度ある
いは半公半私の土地制度である。しかし、実質的には、地主階級が制圧した
土地の所有制であり、封建的搾取が行われている土地所有制であり、宗教と
いう上着をまとった封建的搾取が行われている土地所有制である」とみなし
たのである［新疆維吾爾自治区編輯組『中国少数民族社会歴史調査資料叢刊』修
訂編輯委員会編 2009a：108］。ワクフの管理者である宗教指導者については、
「宗教指導者は、宗教上の土地を利用し、多くのワクフ地を占有あるいは占

表 2　階級別土地所有状況

	世帯数	私有地の畝数	永代小作権のワクフ地の畝数	モスクが所有するワクフ地の畝数	宗教学校が所有するワクフ地の畝数	ワクフ地の総計に占める割合（%）
地主	41	3979.5	5494	5	63	42.2
富農	16	1625	854	—	124	7.5
中農	318	9033.5	4401	12	—	33.5
貧農	336	2388.5	1727	14	5	13.3
雇農	177	165	130	—	—	1
小土地賃貸者	15	299.5	305	—	—	2.3
小手工業者	39	39.5	31	—	—	0.2
その他	13	400.5	—	—	—	
総　計	955	17931	12942	31	192	100

出所）新疆維吾爾自治区編輯組『中国少数民族社会歴史調査資料叢刊』修訂編輯委員会［2009a］
　　　p.106 をもとに筆者作成

用している。ワクフ地を利用し農民への搾取を深め、封建的な経済道具として拡大している」とみなしている［新疆維吾爾自治区編輯組『中国少数民族社会歴史調査資料叢刊』修訂編輯委員会編 2009a：108］。

　ただし、宗教指導者は、ワクフの管理者であるとはいえ自家用に使用していたワクフ地は限られたものであったことから、直接には階級闘争の対象とされてなかった。結果的にワクフ地は、モスクやマザールが「合作社」に「賃貸」するという形で保持され、保護された。実際、ホタン、カシュガルの統計によれば、当時、地区全体のモスクは 12 万余畝（8,000ha）のワクフ地を所有していたが、農民に再分配した残りの 8 万余畝（5,333ha）が合作社に貸し出され、モスクが賃貸料を受け取っていたという［『当代中国』叢書編輯部編 1991：241］。宗教指導者は、この賃貸料によって宗教活動費をまかなうことができた訳であるが、ワクフ全体としてはかなりの資産を失う結果となった。

　第二に、ウイグル社会の上層部や宗教関係者が多く従事していた商工業の国有化や協同組合化が進められ、ムスリムの商人（社会的には経済的上層部に属する）を介して社会に循環していた「富」が、公的なルートで循環するようになったことである。1949 年当時の新疆での商工業は、中小零細業者が圧倒的多数を占め、新疆全土で私営商業は 1.8 万軒あり、2 万人が従事し、うち小売店が 97.73％を占めたという［中共新疆維吾爾自治区委統一戦線工作部・中共新疆維吾爾自治区委党史工作委員会 1993：2, 3］。バザールでは、主に茶、砂糖、綿花、布、民族的な婦人用品などが取引されていた。共産党はまず商品流通の要である「卸売業」に目をつけ、既存の卸売業者には卸売業以外への業務転換（旅館、食堂、風呂屋、理髪店など）を誘導し、「卸売業」を政府の企業に掌握させた［中共新疆維吾爾自治区委統一戦線工作部・中共新疆維吾爾自治区委党史工作委員会 1993：12］。続いて、小売店業者を「資本主義的小売商」（ある程度規模の大きい小売業者）と個人商店に分類し、「資本主義的小売商」に関しては、販売取次ぎなどの形態で政府からの卸売商品を販売させた。個人商店に対しては、共同出資の共同組合的な商店へ改造し、国営の卸売業の影響下に置いている［中共新疆維吾爾自治区委統一戦線工作部・中共新疆維吾爾自治区委党史工作委員会 1993：12］。こうして巧妙に進められた

ウイグル商工業者の「社会主義的改造」は、それ自体がイスラム信仰を直接制限するものではなかったとはいえ、イスラムが都市の商工業部門に大きく依拠しがちな宗教であることを踏まえるなら、長期的にイスラムを支柱とした社会の経済的基礎を掘り崩す作用を及ぼしたといえるだろう。

　しかし、何よりもこの時期に起源を持つイスラムの義務「五行」の制約について考えるならば、共産党政権になったこと自体の自制効果が大きかったのではないかと推察される。この時期、共産党は、「五行」に対して制度的な制限は課さなかったが、党が国家を領導する党国家体制においては、政府機関の要職や「社会主義的改造」された大手企業の要職は共産党員や共産党のシンパでなければならないことから、技術者など共産党にとって不可欠な人材は別として、信仰心の篤い人物は自ずと排除されることになったことは想像に難くない。また、中央アジアからの亡命者からもたらされた共産圏の情報により、共産国家の宗教弾圧についてある程度今後の予測がついていた[3]ことから、信仰告白や断食など公的に目立ちやすい信仰行為は、禁止されていなくても自制せざるを得なかったと考えられる。

2. 社会的機能の解体とイスラム（1958 年から 1965 年）

　1958 年は中国の現代史において、大きな転換点となる年であった。この年、中国共産党は農村において「人民公社」を設立し、鋼鉄増産などに象徴される大躍進運動を開始している。しかし、この年はウイグル社会のイスラムにとっても大きな転換点となる年であった。それは、この年に宗教が持つ制度化された社会的機能の構造が、公然と解体されたからに他ならない。この年以降、宗教は個人の内面、いわゆる私的領域に閉じ込められることになった。中国の現代史は、大躍進の失敗のあと「経済調整期」（1963 ～ 65年）、「文化大革命期」（1966 ～ 76 年）、「改革開放期」（1978 ～現在）に区分されることが多いが、宗教的には中途で「文化大革命」の混乱の影響を受けたとはいえ、表1のとおり 1958 年の枠組みが現在まで引き継がれている。

　すなわち、1958 年から中国共産党中央委員会統一戦線工作部によって宗教制度の改革に関する検討が進められ、最終的に 1959 年 4 月、新疆ウイグ

ル自治区党委員会が「イスラム教、ラマ教の宗教制度改革に関する指示」を
出した。この指示により、宗教が国家や行政、司法、税収、教育、民事に関
わることが禁じられ、主に次の4つの項目を中心に「改革」が進められるこ
とになった。

① 宗教的な「特権」の禁止。イマームの世襲制度、モスク内に監獄や宗教
　法廷を設置すること、刑罰を与えること、民事訴訟に干渉すること、教
　主が権力をふりかざすこと、教徒をムチで打つこと、婦女を差別するこ
　と、文化や教育事業に干渉することを禁止する。
② 宗教的な「搾取制度」の禁止。寺院が生産手段を所有すること、土地を
　貸与すること、無償労働させること、「ザカート」、「ウシュル」等宗教
　税を徴収すること、宗教の名目を利用して大衆に金品を強要し、「騙し
　て」財産を強要することを禁止する。
③ モスクの「封建的管理制度」の禁止。モスク内の隷属関係、等級制度を
　やめること。また、宗教指導者や学生は、できるだけ労働に参加し生産
　活動に励み、公民としての義務を果たすこと。
④ 宗教的な「教育制度」の禁止。モスクが、断食を強要し、少年児童に読
　経や宗教学校に行くことを強要することを禁止する[4]。

　この改革は、新疆において宗教が歴史的に果たしてきた社会的機能や役割
に打撃を与え、宗教を弱体化させることに繋がった。これまでの協同組合化
やワクフ地の一部解体などによって、徐々に弱体化が進んでいたイスラムの
社会的機能にとって、この改革は決定打となった。ザカートなど信者の「五
行」の実践は、宗教的義務か否かではなく、合法か非合法かという基準に
よってその可否が判断されることになったのである。この規則が出された年
を前後して、宗教学校も閉鎖されたようである[5]。
　こうした急激な宗教改革は、「大躍進運動」など、極端に左傾化した当時
のイデオロギー闘争と歩調を合わせる形で急速に展開されたものであるが、
その基礎にあるのはマルクス主義の宗教観（後述）である。また、それゆえ
に、この枠組みは現在も基本的に踏襲されている。いずれにせよ、1958年

の宗教改革を転機としてウイグルでは宗教が露骨に軽視されるようになったのである。

　例えばモスクは各人民公社に1カ所に削減され、公社内の食堂は漢族用と統合されて、豚を食べないムスリムの食習慣の遵守が困難となった事例もあったという［新免 1992：26］。また、大躍進運動の過程でモスクが解体され、建物に使われた木材が建設資材として供出され、馬舎や倉庫の修理にも使われたという。さすがに、こうした宗教に背いたやり方をみたウイグルの人々は、「モスクが解体されたら、私達の民族も存在することはできない」と恨み節を吐いたという［何 2007：103］。こうして新疆のイスラムは、ワクフなどの社会的機能が解体され、私的な領域に押し込められると同時に、国家によって管理統制される歴史が始まったのである。

3. イデオロギー闘争の激化とイスラム（1966 年から 1978 年）

　文化大革命期は、新疆のムスリムにとって、一種、暗黒の時代であった。この時期、内戦さながらの激しい暴力を伴う闘争によって、モスクの破壊や宗教指導者の吊るし上げなどの激しい宗教弾圧が展開された。ある人民公社では文化大革命前に 162 カ所あったモスクが、文化大革命期中 47 カ所にまで激減したという［何 2007：33］。

　ただし、この時期も 1958 年以来の宗教政策の枠組み、すなわち、宗教の社会的機能については制限する一方で、私的領域においては信仰を容認するという宗教政策は、形式的（法的）には存続している。文化大革命期といえば、あたかも宗教信仰が禁止されていたかのようなイメージがつきまとうが、宗教そのものを禁じる法律が制定されていた訳ではない。したがって、制度的に禁じられていたわけではないことに留意することが必要である。

　文化大革命は、中国社会が社会主義の建設路線を巡って穏健派と急進派に分裂し、鄧小平、劉少奇を中心とする穏健派の実務派官僚「実権派」と毛沢東を中心とする急進的な「造反派」グループとの間で、激烈な権力闘争が繰り広げられたことによって起こった。人間の内面の改造を掲げる精神論的な毛沢東を中心とする「造反派」グループによって、信仰そのものが「四旧」

（旧思想、旧文化、旧風俗、旧習慣）と捉えられて、激しい糾弾の対象となった。

　弾圧の証言をみてみよう。ウイグルの回想である。

「断食をしていて見つかると無理やり食べ物を口につめこまれた」、「『造反派』（毛沢東側）を支持している人民公社の上司が、礼拝をしている社員の尻を蹴り、信仰を認めなかった」［何 2007：90, 103］。

「一家が、家畜場へと移住させられ、豚の飼料を煮る小屋で寝泊りを強いられ、豚の飼育を強要させられた」[6]。

「人民公社での批判大会では、イマームのあごひげが、宗教的だという理由で剃られ、クルアーンや歴史書が燃やされることがあった。イマームであったことを理由に父親がダム建設労働に下放され、その作業場での酷使により死亡した。毛沢東が神格化されていくなかで、毛沢東の写真に向かって、あいさつをしなければならなかったことは、偶像崇拝をしないムスリムにとって、非常に苦痛なことであった。しかし、当時はみんなやっていたので、やっていた」[7]。

　こうして、ムスリムとしてのウイグルへの配慮や尊重は次第に失われ、私的領域においての信仰も難しい状況になった。

　ただし、その経緯から容易に推察されるように、この時期のウイグル社会では、宗教弾圧の実態が地域によって一様ではなかった。散見される文化大革命期の証言をみると、宗教弾圧が、新疆においてくまなく 10 年間一貫して国策として展開されたように錯覚してしまいがちであるが、実態は必ずしもそうではなかったようである。文化大革命の間も、1958 年の宗教政策は有効であり、信仰が法律によって禁止された訳ではなかった。モスクも激減したとはいえ、一定数は依然として存続していた。

　例えばカシュガル地区では、共産党政権下に組み込まれる前のモスクの数は、1 万 2918 カ所あった。文化大革命前に 5919 カ所に減少し、文化大革命

中に5297カ所のモスクが、破壊されたり、転用されたり、閉鎖されたりしたというが、しかし、622カ所はモスクとして機能していたことになる［新疆維吾爾自治区地方誌編纂委員会編1988：548］。もし、国策として弾圧していたのであれば、モスクの存在自体が違法となり、在留外国人向けのモスク[8]はともかくとして、一般の地域においてモスクが存在する余地はなかったであろう。

　例えばカシュガル地区では「文化大革命の間でも金曜礼拝は、人数が20人から30人ほどに減ったとはいえ、途絶えることはなかった」[9]という証言もある。このことは、文化大革命の間、宗教行為自体が全面的に禁止されていたわけではなかったということを物語っている。結局のところ、一般的にイメージされる文化大革命の凄惨な衝突は、「実権派」と「造反派」の内戦状態の過程で起きた衝突であって、衝突である以上、弾圧も一色ではなかったのである。ウイグルの中心的な都市、カシュガル地区を事例とした場合、特に両派の対立に人民解放軍が介入し、「革命委員会」の名の下で各地の「軍」、「党官僚」、「造反派」の連合する奇妙な構図が成立してからは、物理的な破壊は抑制された［喀什地区地方誌辦公室編1999：25, 26］。

　ただ、そうした一種の軍事停戦的な緊張状態のもとでは、1958年の宗教政策が有効であったにせよ、総じて宗教行為を公にしづらい雰囲気があった。特に、「造反派」が優位で、批判闘争が散発しがちな地域ではそうであったと考えられる。こうした地域では、信仰は自然と地下に潜らざるを得なかった。たいていの人は、1日5回の礼拝を早朝の1回に短縮し、家ですませていたという。また若い人たちは、公共のモスクでは集団礼拝がしづらいので、深夜にマザールなどに集まり、秘かに集団礼拝をしていた［何2007：107］。

　また、こういう証言もある。祈りによって、文化大革命の凄惨な状況を終結させようとした人たちがいた。

「ひとつの瓢箪を毛沢東にみたてて、それをマザールに持ち込み、瓢箪の毛沢東に向かってこの世からいなくなるように、3カ月間念じ続けた。そして最後に、ナイフでその瓢箪を切り付け、真っ二つに割ったのである。それを

みた人たちは『よし、これでもう、毛沢東はこの世からいなくなったぞ』と
大喜びしたのである。ところが、あれほど念じたにもかかわらず待てど暮ら
せど毛沢東の死亡のニュースはなかった。すると仲間の1人が、『実は私が
みた夢のなかで、確かに毛沢東はあの時、頭と胴体は真っ二つになって死ん
だのです。だけど、その直後に天使のジブリールが地面に転がった毛沢東の
頭を拾い、また胴体にくっつけたので、生き返ってしまったのです』とい
い、それを聞いた人たちは『なるほど、アッラーがお望みにならないこと
は、我々がどう祈願しようとも実現することはできないのだ』と納得してい
た」ということである［中屋 2015：194, 195］。

　そして、宗教学校についても、表向きには1958年の宗教改革以来、完全
に廃校になったかに見えていたが、実際には、地下宗教学校が多く存在して
いた。
　筆者が聞き取り調査をしたウイグルのひとりに、中学校をやめ、文化大革
命の最中に地下宗教学校に通っていた人がいた。
　彼の親は、自分の息子が公立の学校で「毛沢東中心の教育」（筆者注　証言
者の表現による）を受けるより、地下の宗教学校に行くことを喜び、中学校
をやめてしまうことをむしろ歓迎した。当時の地下宗教学校は、現在の学校
教育のような形式ではなく、例えば、ムハンマドの言行伝承（ハディース）
について学ぶなら、この先生、というようにそれぞれ専門の先生に弟子入り
する形式であった。ウイグルの伝統的習慣にのっとり、授業料としてナン
（ウイグルの主食のパン）を先生と2人で分けあって食べたと回想している。
しかし、そうはいっても、昼間の俗世では、模範的な「プロレタリアート」
として生きなければならなかったので、人民公社の中で農作業に従事してい
た。先生のところへは、朝の礼拝時間の2時間前に着くように、夜中に家を
出発していたという。さすがに文化大革命の闘争が激しく展開されている時
には、夜中に出かけることも危険であったため、麦わらを置く納屋に先生と
2人で食料を持ち込み、トイレを設置し、小屋の外から鍵をかけてもらい、
その納屋の外からは誰もいないようにみせかけて、教育を受けた。こうした
形で教育を受けていた人は、地下学校の「同級生」がいた時もあったことか

ら、彼1人だけではなかったようである[10]。

　文化大革命で「造反派」が展開したイデオロギー闘争は、「公的・私的」の両領域において信仰そのものを死滅させ「五行」の実践を排除しようと試みた。しかし、結局のところ信仰を根絶させることはできず、むしろ、文化大革命の闘争により生み出された不安定な状況のなかで、逆に「信仰」を高めた人々もいた。多くの人は「五行」は自宅、もしくは地下で、おもてには見えない形で実践していたのである。

注
1）喀什市人民政府ウェブサイト
　「喀什歴史大事記　基本完成社会主義改造時期（1952年5月至1956年3月）」
　http://www.xjks.gov.cn/Item/93.aspx
　（2016年11月10日閲覧）
2）次のようなワクフ地が存在した。橋げたの修繕を賄うための土地、公共飲料水のため池の修繕を賄うための土地、ゴビ砂漠を往来する旅人の休憩所の修繕を賄うための土地、山道の修繕を賄うための土地、墓地のための土地、預言者ムハンマドを称える土地、マザール（聖廟）やモスクの明かりを灯すための収入を得る土地、クルアーンを販売するための土地、宗教的な儀式や施しで使う大鍋を購入したり、修理したりするための収入を得る土地、ナン、ポロ（炊き込みごはん）を施すための収入を得る土地など。詳しくは、［新疆維吾爾自治区編輯組『中国少数民族社会歴史調査資料叢刊』修訂編輯委員会編 2009a：100］を参照。
3）カシュガル市の事例。ウイグルへの聞き取り調査による（調査日2011年9月、調査地イスタンブル、40代男性）。
4）詳しくは［歴声主編 2006：209］、［賀萍 2010：58, 59］を参照。
5）当時の宗教学校の閉鎖については［何 2007：49］を参照。
6）イェンギサル県の事例。ウイグルへの聞き取り調査による（調査日2011年9月、調査地イスタンブル、調査対象者40代後半、女性）。
7）アトシュ市郊外の事例。ウイグルへの聞き取り調査による（調査日2011年9月、調査地イスタンブル、調査対象者70代、男性）。
8）北京の東四モスク（東四清真寺）は、第三世界との関係から、外国人向けに開放されていた。
9）カシュガル市の事例。ウイグルへの聞き取り調査による（調査日2011年9月、調査地イスタンブル、調査対象者50代、男性）。
10）イェンギサル県郊外の事例。ウイグルへの聞き取り調査による（調査日2011年9月、調査地イスタンブル、調査対象者50代、男性）。

第 2 章

新疆におけるイスラム復興と宗教統制

はじめに

　新疆におけるイスラム信仰は、第 1 章で確認したように文化大革命の間（1966 年 – 1976 年）、急進的な「造反派」によって超法規的な弾圧を受けていた。ただし、文化大革命の当時においても、信仰の自由を原則論的に規定した憲法や政策が形式的には有効であったため、信仰そのものが制度的に禁止されることはなかった。地域によっては、通常通りの宗教活動が存在し、あるいは地下宗教活動も存在していた。とはいえ、中国全土に吹き荒れた激しい政治運動と政治対立の嵐のなかで、「造反派」が優勢であった地域を中心に宗教に対する激しい糾弾が行われ、モスクも多くが倉庫などに転用されていた。

　改革開放後、1982 年に革命以来の宗教政策の歴史総括と文化大革命前の宗教政策の実質的な再確認が行われると、委縮を余儀なくされていたイスラム信仰が再び活発化し、モスクの修復・再建が進んだほか、メッカ巡礼者数も増加し、さらには私的な宗教学校も広がりをみせるようになった。新疆においてもイスラムが「復興」しはじめたのである。

　しかし、新疆におけるイスラム復興は、必ずしも自由な環境のもとで進展しているのではない。信仰の自由が憲法等によって原則論的に保障され、イスラム復興が進む一方で、宗教施設の制限や説教の政治宣伝化、ニカーブ[1]着用の制限、未成年者の宗教実践の禁止など、同時に厳しい統制のもとに置かれているのが現実である。

　宗教統制は他の地域においても観察されるが、特に新疆のイスラム信仰は現地の地政学的・民族的複雑さゆえに強化されており、一部の政策は事実上の「脱宗教化」の域にまで達しているといっても過言ではない。自由と統制、復興と「脱宗教化」が錯綜する環境下に新疆のムスリムは置かれている

のである。本章では、こうした新疆におけるイスラム復興と宗教統制について検討する。

1. 「五行」にみられる信仰の自由と制限

まず始めに、新疆のムスリムが、信仰の自由の原則論とイスラム復興のもとで、中国共産党や中国政府からどのような統制を受けているのかについて、「五行」をもとに確認することにしよう。

新疆においては、例えばラマダンになると、トルコやエジプトなどの他のムスリム社会と同様に、レストランや家庭で人々が断食後のイフタールを楽しんでいる姿を目にするようになった。また、多くの商店が店の前にテーブルを並べ、スイカやナンを道行く人々に無償で提供するようになった[2]（写真1）。

写真1　ラマダン中、日没とともにスイカが提供されている様子
（2014 年 7 月、筆者撮影）

ラマダン明けの集団礼拝では、モスクやその周辺の道路が埋め尽くされるほど大勢の信者が集うようになった（写真 2-1, 2）。

写真 2 - 1　ラマダン明けの集団礼拝の様子
（2010 年 9 月、筆者撮影）

写真 2 - 2　ラマダン明けの集団礼
拝の様子（2014 年 7 月、筆者撮影）

　文化大革命期に倉庫に転用されていたモスクは信者に返還され、破壊され
たモスクの再建や新築も進んだ[3]。例えば、新疆南西部のカシュガル地区で
は、革命前に 1 万 2918 カ所を数えたモスクが文化大革命期には 622 カ所に
まで激減していたが、2010 年には 9816 カ所にまで回復している[4]。新疆全
体では、2010 年現在 2 万 4093 カ所を数えるという[5]。また、メッカ巡礼者
数も増加し、統計的に把握しやすい中国イスラム教協会（中国伊斯蘭教協会）
主催の政府公認ツアーの参加者数だけでも、1980 年代後半の 200 人前後か
ら 1990 年代後半の 1000 人台に、さらに 2000 年代半ばには 3000 人台に増加
している（表 1 参照）。こうした現象にも反映されているように、新疆のイ
スラム復興は著しい。
　しかし、その一方で、新疆のイスラム信仰は政府の厳しい統制下に置かれ
ている。それは、ムスリムにとって信仰の根幹となる「五行」において容易
に観察することができる。「五行」は、ウイグルにおいても当然重視される
義務的行為であり、意識調査では 90.14％が「絶対にしなければならない」
と回答している（ちなみに、「しなくてもよい」は 9.22％、未回答が 0.64％）［姚
2009：53］。その統制をそれぞれ確認してみよう。

(1)「信仰告白」(kelime shahadet)

　信仰告白は、中国が共産党政権下にあるとはいっても、さすがに信仰その
ものが制度的に禁止されているわけではないので、自由といえば自由であ
る。しかし、それは、実際には、時と場合に依存する。特に人事に影響する

表1　メッカ巡礼者数の推移

	中国イスラーム教協会派遣	招待	親戚訪問	公認ツアー	旅行社	合計（注）	備考
1984 年	11	2（ク）4（イ）	830			847	
1985 年	9		1700	200		1909	公認ツアー始まる
1986 年	7		*2118	204		2329	
1987 年				208		1074	
1988 年			300	170		470	
1989 年			304	179		483	
1990 年			229	155		384	
1991 年				370		370	チャーター便始まる
1992 年			209	163		372	新疆ムスリム旅行社、正式開業（親戚訪問、旅行、メッカ巡礼サービス）
1993 年			387	397		784	その他、第三国経由メッカ巡礼2800名
1994 年			400	400	30	830	その他、第三国経由メッカ巡礼4000名
1995 年				1000	33	1033	
1996 年				1050	70	1120	
1997 年				1000		1000	
1998 年				1000		1000	
1999 年				1034		1034	個別メッカ巡礼者500余名を北京空港で阻止
2000 年				1034		1034	
2001 年		102（サ）		1000		1102	
2002 年				1022		1022	
2003 年				1025		1025	巡礼前に「東トルキスタン」関連の資料映像を見せて教育
2004 年				1544		1544	
2005 年				1559		1559	
2006 年				2080		2080	
2007 年				2638		2638	警察が個人メッカ巡礼組織者300余名と8社の仲介業者を取り締まり。紛失旅券、死亡者旅券の即時無効化と国境検問所への連絡を徹底。
2008 年				2717		2717	
2009 年				2956		2956	
2010 年				2889		2889	
2011 年				2990		2990	
2012 年				2994		2994	
2013 年				2993		2993	
2014 年				3093			
2015 年				NA			
2016 年				NA			

注）（ク）はクウェート政府、（イ）は世界イスラーム連盟、（サ）はサウジアラビア政府の招待。
　　＊は合計から中国イスラーム教協会と公認ツアーを差し引いて計算。
出所）新疆維吾爾自治区地方編纂委員会編『新疆年鑑』（各年版）より筆者作成。

からである。周知の通り、改革開放のもとで市場経済化が進んだ今日において
も、中国は共産党が国家を「領導」（統率し指導）する社会主義国家であ
る。公的機関や企業（大企業は政府系が一般的）の要職は、共産党の人事部門
である組織部が人事に関与する。このため、要職は必然的に共産党員が中心
ということになる。共産党員は、唯物論者であることが原則である。共産党
員でない場合も出世の機会は皆無ではないが、そうであっても信仰心に篤
く、公然と宗教行為を行うような人物は、必然的に排除されがちになる。し
たがって、自由であっても、自ずと信仰か出世かの選択を迫られることにな
るのである。

(2)「礼拝」(namaz)

　集団礼拝が行われるモスクでは、当然、新疆においても信仰や善行の勧め
を交えた説教が行われている。しかし、新疆ではその説教に政治宣伝が混入
する。説教を行う宗教指導者には、クルアーンやハディースの解釈を通じて
「国と宗教を愛すること」（漢語の愛国愛教に相当）や「民族団結」、「産児制
限」など、共産党の政策宣伝を行うことが求められているからである（後
述）。

写真3　18歳未満の未成年者のモスク入場禁止を示す表記
(2011年8月、筆者撮影)

　礼拝を行うモスクは文化大革命の収束後、急速に再建や新築が進んでいるが、かといって勝手に建設を進めることは出来ない。建設は政府の許可制である（「宗教事務条例」（2004 年）第 13 条[6]、「宗教活動場所設立の審査批准と登記の方法」（2005 年）第 2 条[7]）。また、集団礼拝は登録された宗教施設（「宗教活動場所」、要するにモスク）で行わなければならない（「宗教事務条例」（2004 年）第 12 条[8]）。民家で集団礼拝を行うことは違法である。しかも、公的機関では礼拝時間に重ねて重要会議が開催されることがある[9]。未成年者は、宗教活動に参加することはできない（「新疆ウイグル自治区宗教事務条例」（2014 年）第 37 条[10]）。モスクに入ることも禁止（写真 3）されている。集団礼拝に参加することはもちろん困難である。

(3)「喜捨」（zakat）

　「喜捨」は、新疆では歴史的に農民が穀物で喜捨する「ウシュル」と商工業者が現金で喜捨する「ザカート」の 2 種類が存在したが、社会主義革命後はそれ自体が封建的な宗教「税」であるとみなされ、禁止になった（「イスラム教、ラマ教の宗教制度改革に関する指示」（1959 年）[11]、「新疆ウイグル自治区宗教活動場所管理暫行規則」（1988 年）第 15 条[12]）。任意の喜捨である「サダカ」は可能であるが、完全に自由ではない。「サダカ」は政府に認可されたモスクに限定される（「宗教事務条例」（2004 年）第 20 条[13]、「新疆ウイグル自治区宗教事務条例」（2014 年）第 36 条[14]）。海外のイスラム団体やムスリムからの寄贈の受け入れは、その規模などに制約がある（「宗教事務条例」（2004 年）第 35 条[15]、「新疆ウイグル自治区宗教事務条例」（2014 年）第 36 条[16]、「新疆ウイグル自治区宗教活動場所管理暫行規則」（1988 年）第 16 条[17]）。

(4)「断食」（roza）

　「断食」は、「新疆ウイグル自治区宗教活動管理暫行規定」（1990 年）第 4 条[18]によれば宗教施設と自宅で行う場合は法律で保護される。このことは、逆に言えば、それら以外の場所では自由ではないことを意味する。公的な職場では、会議に食事が提供されることがある。学校では、教員が学生に水を与えることもある[19]。また、断食期間中の日昇前に電気、水道、ガスの供給

が止まることも珍しくない[20]（現地ムスリムは、断食の妨害と受け止めている）。
さらには、警察が日昇前、日没後の食事の集まりにやって来て、18 歳未満
の子供が参加していないかどうかチェックするという［Fuller and Lipman
2004：338］。

(5)「巡礼」(hej)

「巡礼」は、中国イスラム教協会が主催する公認ツアーへの参加が原則で
ある（「宗教事務条例」（2004 年）第 11 条、「新疆ウイグル自治区宗教事務条例
（2014 年）第 35 条[21]）。同協会は「中国共産党の領導と社会主義制度の擁護」
を綱領に掲げる政府系の宗教団体である[22]。中国イスラム教協会以外の組織
や個人が、私的にメッカ巡礼を企画し、実行することは「非法」とされる
（写真 4）。発覚すれば、活動は停止処分を受ける。巡礼を業として企画し、
報酬を得た場合は報酬が没収され、さらに「違法所得」の同額から 3 倍の罰
金が課される（「宗教事務条例」（2004 年）第 43 条、「新疆ウイグル自治区宗教事
務条例（2014 年）第 57 条[23]）。また、個人巡礼は空港での「説得」の対象に
なる。例えば、2006 年にはカシュガル空港で個別メッカ巡礼の 117 名が「説
得」を受け、出国を阻止された[24]。公認ツアーの「巡礼」に参加すると、サ

写真 4　「勝手に個人でメッカ巡礼に行くことは非法宗教活動だ！」
（2011 年 8 月、筆者撮影）

ウディアラビア滞在中はパスポートが一括管理され、団体行動が求められる
うえ、現地で発行された各種文書や出版物を受け取ることを制限されたり禁
止されたりするなど、行動の自由が制約される［楊志波主編2005：100, 107］。
　以上のように、新疆においては、信仰が原則論的には自由であっても、最
も基本的な「五行」ですらが中国共産党や中国政府の統制のもとに置かれて
いるのである。

2. 中国共産党の宗教理論——新疆における宗教統制の背景

　イスラム信仰に対する統制は、そもそも何を根拠に行われているのであろ
うか。逆に、イスラム信仰は、何によって自由が保障されているのであろう
か。「五行」を巡る統制について考察する際に注記しておいたように、イス
ラム信仰に対する統制は、基本的には国や自治区の法令に基づいている。そ
の一方で、ムスリムに対して信仰の自由を保障するのも国や自治区の法令で
ある。信仰の自由の保障と統制が同じ法令に依拠する場合も少なくない。そ
して、そうした法令を背後から正当化しているのが中国共産党の宗教理論な
のであるが、まずは中国の宗教統制の法体系について整理することにしよ
う。

(1) 宗教統制の法体系と「時間」・「空間」からの統制
　中国の宗教統制に関する法令は、改革開放後の宗教信仰の活発化への対応
を迫られるなかで、新疆においては1980年代後半から順次制定が進められ
てきた。その経緯から、法令の制定順序は特別法や地方法規が先行し、基本
的な一般法が後回しになるという倒錯したものになっている。
　中国の宗教統制に関わる法令のなかで、最上位に位置するのはもちろん憲
法である。すでに本稿のなかで、中国においては原則論的に信仰の自由が保
障されていることを指摘したが、この憲法が国の最高法令として信仰の自由
を規定している。それと同時に、不信仰の自由をも保障するという規定を持
つ。ちなみに、信仰の自由は文化大革命前から憲法に明記されている一貫し
た規定であり[25]、したがって原則論的には中国では信仰は自由ということに

なっている。

　この憲法のもとで、国レベルでの宗教統制の上位法令として位置付けられているのが2004年11月に制定された「宗教事務条例」[26]である。そもそもこれは、1991年2月に中国共産党中央委員会および国務院が発出した「宗教工作をより良く成し遂げる上での若干の問題に関する通知」[27]のなかで宗教に関する法整備の必要性が提起されたことを受けて、1994年1月に国務院が制定した「宗教活動場所管理条例」[28]を拡充する形で整備された一般法令である。

　内容は宗教団体のほか、外国との関係、宗教学校、宗教施設、宗教指導者、宗教資産など多岐にわたっている。冒頭の総論部分では憲法の規定に準じて信仰の自由を謳っているが、各論部分はむしろ宗教統制の色彩が濃い。例えば、集団礼拝は登録した宗教施設で行わなければならないこと、宗教指導者は県レベル以上の政府の宗教事務部門に登録された者でなければならないこと、宗教学校の設立や宗教施設の設置は政府の許可を要すること、メッカ巡礼は公認団体（中国イスラム教協会）の主催によるべきことなどを規定している。このほか国レベルの宗教統制の法令としては1994年に制定された「中華人民共和国境内外国人宗教活動管理規定」[29]が存在する。これは、対外開放政策の進展に伴って増加した外国人の宗教活動を統制するために制定された法令であり、外国人による布教や宗教団体の設立、宗教施設の設置、文書の持ち込みを規制している。「宗教事務条例」が制定された後もその効力は失っていない。

　また、ムスリムが多く居住する新疆には、新疆ウイグル自治区内のみで有効な独自の法令が制定されている。宗教施設を統制する「新疆ウイグル自治区宗教活動場所管理暫行規則」（1988年）や、宗教活動の内容を統制する「新疆ウイグル自治区宗教活動管理暫行規定」（1990年）、宗教指導者を統制する「新疆ウイグル自治区宗教職業人員管理暫行規定」（1990年）などがある[30]。さらに、新疆独自の宗教統制の一般法令で、宗教団体統制や宗教資産統制などを包括した「新疆ウイグル自治区宗教事務条例」[31]（2014年）などが存在している。これら新疆独自の法令の多くは、イスラム復興が急速に進む新疆の現実に対応するために、国の法令整備に先行する形で制定されたものであ

り、今なお、国の法令の下位法として効力を有している。

さらに、宗教統制を専らの内容とするものではない法令のなかにも、明示的・暗示的に宗教統制に関連する条項がある。後に示す「中華人民共和国教育法」（1995年）や「新疆ウイグル自治区未成年人保護条例」（2009年）はその代表的なものである[32]。これらの法令は、未成年者の宗教信仰を制限する際の法的根拠とされている。

以上が中国の宗教統制関連の主な法体系であるが、これらを仔細に眺めると、そこには、信仰の自由を原則論としては掲げつつも、宗教活動を「空間」と「時間」の双方から統制しようとする思考が潜んでいることに気づかされる。信仰の権利を自由に行使できる範囲を社会の特殊エリア（モスク）や私的空間（自宅）に限定し、公共空間における活動を一律に違法とするのは、「空間」からの統制の考え方である。あるいは、未成年者の信仰を制限するのは、世代という枠組のもとで、段階的に宗教の影響力を弱体化させようとする「時間」の側面からの統制であるといえる。

信仰の自由を原則論として掲げつつも、「空間」の統制によって拡大を阻止し、「時間」の統制によって脱宗教化を図っているのである。

(2) 宗教統制の宗教理論

それでは、こうした宗教統制の法体系や政策は、そもそもどのような宗教理論に裏打ちされたものなのだろうか。それを凝縮的に体現しているのが、中国共産党が1982年3月に採択した「我が国の社会主義期における宗教問題に関する基本的観点と基本的政策」[33]（以下、「基本観点と基本政策」とする）という決定文である。この「基本観点と基本政策」は、中国共産党が文化大革命の反省を踏まえて総括した宗教理論と宗教政策の綱領的文書であり、中国の宗教統制はすべてこの決定文に依拠しているといっても過言ではない。

この「基本観点と基本政策」に示された宗教理論は、二段階の論理構成になっている。すなわち、宗教は社会現象の一種として「生成、発展、死滅」の展開をたどるというマルクス主義の宗教理論と、「死滅」の瞬間までは容認すべきであるとする「宗教の五性」論である。事実、「基本観点と基本政策」の冒頭の「一」ではマルクス主義の宗教理論が確認され、それに続く

「二」では「宗教の五性」論が展開されている。ちなみに「三」は宗教政策の回顧、「四」以降は今後の政策という構成になっている。

　中国共産党にとって、宗教の存在意義は本来的に否定的なものである。中国共産党が依拠するマルクス主義の宗教理論は、「ヘーゲル法哲学批判序説」や「反デューリング論」等において展開されているが、その内容は周知のように宗教を人間の空想の産物として位置付けるものである。宗教は、人が自然現象に対して科学的法則性を見出せていなかったがゆえに、自然現象を脅威に感じて創り出しただけのことであって、科学の発達によって役割を終え、死滅するという考え方である。また、階級社会に突入してからは、宗教は階級の存在を正当化し、来世での救済を期待させることによって、人びとを麻痺させる「アヘン」として作用したという立場に立つ。それゆえ、革命によって階級社会が死滅すれば、宗教は自らの存立基盤を失って死滅すると捉えている。つまり宗教は社会現象の一種として「生成、発展、死滅」の展開をたどるのであり、その存在は永続的なものではないというのが基本的な考え方である。宗教の存在意義は否定的なものであって、革命運動論的には克服の対象ですらある。この理論は、中国の宗教政策の関連文書で必ず言及されている。

　しかし、こうしたマルクス主義の宗教理論をベースとしつつも、中国共産党の宗教理論は宗教に対して当面は容認しているのである。これは、人間の意識変革にはタイム・ラグがあり、ゆえに宗教は容易に死滅するものではなく、宗教の持つさまざまな特性によって政治的に非常に敏感な存在であるから、当面は融和的な政策を採用するほうが得策であるという現実的な判断に基づくものである。すなわち、「宗教の五性」論がそれである。この理論は、中国建国後、急進的に宗教を死滅させようとする動きが、現場の信者との間で様々な軋轢を引き起こし、反発を招いたという現実を踏まえ、共産党の統一戦線工作部（宗教指導者や個人商工業者、知識人など非共産党勢力に対する工作部門）の責任者であった李維漢が中心となって、1958年頃までに妥協のなかで練り上げた理論である[34]。

　「宗教の五性」論は、宗教には「長期性」、「民族性」、「国際性」、「集団性」、「複雑性」という5つの性質が備わっているという考え方である。その核心

となる性質は「長期性」であるが［葉 2007：166, 167］、これは社会主義社会
に移行して、科学技術も充分に発達し、階級社会の矛盾が消えたとしても、
人びとの観念は即座に変わり得るものではないという認識である。また、
「民族性」は、宗教が民族の習俗や道徳的規範と融合してしまっているとい
う認識であり、「国際性」は宗教が国境を越えて分布しているために、宗教
問題は容易に国際問題に転化しやすいという認識である。「集団性」は、宗
教が信徒集団を形成するなど組織性を持っているという認識であり、「複雑
性」はひとくちに宗教とはいっても教派や教義が多様であるために一律の処
理が困難であるという認識である。

　したがって、このような性質を有する宗教の性急な廃止は、民族問題や国
際問題を惹起する可能性が高く[35]、国内外での対立を避け、連帯を強める観
点からは、宗教が死滅する「その日」までは、宗教を容認せざるを得ないと
いう戦略が導かれることになる。

(3)「宗教の五性」論の背景

　ここで、中国共産党が「宗教の五性」を認識せざるを得なかった実情につ
いて、ひとつの調査記録をもとに簡単に確認しておこう。1955 年の新疆ウ
イグル自治区コナ県の記録である。1953 年から始まった農業の集団化の過
程で政府の増産計画を受けた地元ムスリムの反応が記録されている。

「合作社の幹部は、農産物の増産計画に対して『すべてはアッラーが決定す
るのであって、私たちがあらかじめ増産計画を決めてしまえば、アッラーか
ら罰を受けることになる』と述べ、受け入れを嫌がった。また現場のムスリ
ムも『例えばあなたが（生産計画を）30 だと言っても、アッラーが（実際の
生産量を）9 減らせば、残りは 21 となり、計画を達成することはできない。
まだ、麦も植えていないのに収穫の話をするのは、人を騙すことになるでは
ないか』と反論した。さらに、一部の宗教指導者は、合作社に加入したとし
ても、あまり労働に参加しようとはせず、合作社社内で豊作の祈祷をするな
ど宗教的行為を行っていた」（カッコ内は筆者注）。

　この記録は、マルクス主義の宗教理論からいえば、階級社会から解放され、宗教の呪縛から自由になったはずの現地ムスリムが、実際には呪縛から一向に解放されていなかった現実を如実に示している。この報告書を記録した共産党員は、社会主義とは全く異なる価値体系によって編制されたムスリム社会に当惑し、

「依然として、宗教が下層の民衆や宗教指導者に影響しているから、このような状況が起こるのだ。今後は、民衆に対する教育に注意するべきで、イマームを合作社に入社させるときは、彼らに注意しなければならない」
［新疆維吾爾自治区叢刊編輯組『中国少数民族社会歴史調査資料叢刊』修訂編輯委員会編 2009b：7］

と嘆かざるを得なかった。こうした事例は、当時の新疆においては少なからず存在していたようである。マルクス主義の宗教理論を機械的に適用することの困難さが容易に想像されよう。宗教に対して否定的な立場を取りつつも、現実の政策においては容認せざるを得なかった所以である。
　中国共産党が 1982 年の「基本観点と基本政策」において、文化大革命前に形成された「宗教の五性」論を踏襲せざるを得なかった背景には、その後の信仰の持続があったと考えられる。第 1 章で述べたとおり、文化大革命期に急進的な「造反派」が優勢であった地域においては、モスクの閉鎖・転用・破壊、宗教指導者への暴力、断食妨害などの行為がみられたが［何 2007：33, 90, 新免 1992：27］、それでも金曜礼拝は村から離れたマザールで行っていたという証言［何 2007：34］や、「金曜礼拝はモスクで行われていた。礼拝に参加していたのは老人が多く、20 人から 30 人ほどであった」などの証言が存在している[36]。ほかにも、文化大革命中の宗教活動についての証言は少なくない。要するに、文化大革命の政治闘争によって生じた過酷な状況下においても、人の観念を即座に変えることは難しく、宗教は死滅しなかったのである。

(4) 自由と統制の交錯

　もっとも、「宗教の五性」によって信仰の自由が当面容認されるとしても、それは無制限な自由を意味するものではない。ましてや信仰の奨励を意味するものではない。「宗教の五性」は、容認の根拠であると同時に、統制の根拠にもなる。世界宗教としての「国際性」とウンマとしての「集団性」を有するがゆえに、容認すると同時に、できるだけ遮断・分断しなければならない。「民族性」を有するがゆえに、容認すると同時に、国家や行政、司法、税収、教育、民事に関わることからは排除しなければならない。いわゆる宗教に備わる社会的機能は、1958 年 12 月に中国共産党中央委員会が批准し、転送した「民族事務委員会党組織の当面のイスラム教、ラマ教工作問題に関する報告」[37]によって停止させられている。また、「長期性」を有するがゆえに、容認すると同時に、長期的な観点からの「脱宗教化」政策が重要になる。そのため、国家宗教事務局局長であった葉小文（在任期間 1995 年 − 2009 年）は、特に青少年には唯物論や唯物史観の教育を行い、自然現象や社会の発展、そして、人の誕生、老い、病死、吉凶、災い、幸福などの事象に関する科学的思考能力の普及の宣伝を「強化」すると強調している。それは、共産党の統一戦線上の重要な任務のひとつであり、「有神論を語る人がいて、無神論を語る人がいない」状況は許されないのである［葉 2007：161］。

　要するに、中国共産党の宗教理論は、宗教に対する否定的な理解を前提として、宗教が自らの存立基盤を失って消滅する日までは、政治的配慮から信仰の自由を認めるものの、その拡大を許すものではなく、「空間」と「時間」からの統制によって、長期的な観点から「脱宗教化」を図るものである。この理論を反映して、信仰の自由に対する一定の容認と宗教活動に対する統制とが錯綜した宗教政策が実施され、現地のムスリムたちを翻弄しているのである。

3. 新疆における宗教統制の実態

　信仰の自由を原則論的に保障しつつも、将来的な宗教の死滅を前提として、「空間」と「時間」の双方から宗教を統制する宗教政策は、実際のとこ

ろ、ムスリムの信仰にどのような影響を及ぼしているのであろうか。ここでは、①イマーム、②女性信徒、③未成年者に対する統制に焦点をあて、その実態をより具体的に見てみることにしよう。イマームは、公共空間のなかで例外的に宗教活動が認められている宗教施設という「空間」に対する統制の事例であり、女性信徒は、公権力の及びにくい私的「空間」に対する統制の事例である。未成年者は、世代という「時間」に対する統制の事例である。これら 3 つの事例について、現地の人びとへの聞き取り調査で得られた一次資料を交え、分析を行う。

(1)「政治屋イマーム」と愛国精神
1)「政治屋イマーム」

　イマーム（imam）とは、ムスリムの集団を束ねるものを指すが、もっとも一般的な用法としては、集団礼拝の時に最前列で礼拝の手本を示す人物を意味する［大塚和夫ほか 2002：168］。また、とくに学識の優れた学者の尊称である［日本イスラム協会ほか 2002：124］。しかし、新疆のイマーム概念はやや狭く、モスクの宗教指導者のみをイマームと呼んでいる。その他のイスラム学識者はモッラー（molla）と呼んで区別している［中国伊斯蘭教協会編 2005：223］。イマームのなかで金曜礼拝の説教を担う人物は、厳密にはハティープ（xatip）と呼ばれるが、日常的にはハティープも一般にイマームと呼ばれている。イマームは、礼拝の先導者、学識者として権威ある人物であり、特に農村ではコミュニティの連帯意識の核となる人物である［Fuller and Lipman 2004：333］。

　新疆では、中国共産党と中国政府の宗教政策の影響によって、イマームに求められる役割は特殊なものである。モスクの宗教指導者としての本来の任務のほか、共産党や政府の意向に沿った活動を行うことが求められる。例えば、共産党や政府の宗教政策、民族政策を信者に解説したり、宗教間や民族間の団結を呼びかけたりする等々である。このような任務は、宗教指導者や宗教施設が政府の登録制になっている中国においては拒否し難い。こうした任務を積極的にこなすイマームは、現地の人びとからウイグル語で「シヤセッチイマーム」（siyasetchi imam）と揶揄されている。「政治屋イマーム」[38]

という意味である。

「政治屋イマーム」は、金曜礼拝において、具体的にどのような内容の説教をしているのだろうか。「政治屋イマーム」とはいっても、もちろんイマームであるので、親孝行や貧困救済、礼節などの一般的な内容の説教もする。ただ、説教内容はそれにとどまらず、愛国精神の発揚や、民族団結を求める政策などを、クルアーンやハディースの内容に関連付けて説教するという。ここでは、中国イスラム教協会編の説教集（ウイグル語版）に収録された「愛国は信仰の一部である」と題された説教をもとに、見てみることにしよう[39]。

以下はその要旨である。

2) 「愛国は信仰の一部である」（要旨）Wetenni söyüsh imanning jümlisidindur

①預言者ムハンマドは、祖国を愛し、故郷を愛していた

祖国を愛することは、イスラムの優れた伝統であり、私たちのムスリムとしての義務である。預言者ムハンマドは祖国を愛し、故郷を愛していた。

預言者ムハンマドは、イスラムを広めるだけでなく、私たちムスリムに国を愛することも教えた。預言者ムハンマドは、「アッラーに誓って、あなた（メッカ）は、アッラーに愛される、また私の一番愛する土地である。もし、彼らがわたしを追い出さなければ、私は絶対あなたから離れない」とおっしゃった（このハディースは、イマーム・アフマド、ティルミズィー、ナサーイー及びイブン・マージャたちが、ハムラズフリーから伝承された）。また預言者ムハンマドは、「アッラーよ！ 私たちのメディナに繁栄を。アッラーよ！ 私たちに衣食満ちたらんことを。アッラーよ！ メッカの2倍の吉祥をメディナに与え給え」と祈願された。よって、私たちムスリムは、預言者ムハンマドを愛国者の模範とし、常に愛国者になるように努力しなければならない。

②私たちのイスラムは、団結を重視する

団結とは、ムスリム自体の内部の団結と私たちムスリムと異教徒との団結を含む。

（アッラーは、クルアーンの中でこう啓示されている）

「人々よ、われは 1 人の男と 1 人の女からおまえたちを創り（つまり、アダムとイヴという 1 組のカップルから創り）、種族や部族となした。おまえたちを互いによく知り合うようにさせるためである」［クルアーン 49：13］。今日の中国は、統一された多民族国家であり、56 の民族が生活をしている。これらの民族の一部はイスラムを信仰しており、一部はその他を信仰している。

　よって、私たちを全国の各民族と仲良くさせ、団結させてくださいますように祈らなければならない。

③祖国を愛するには、郷里を繁栄させなければならない

　（クルアーンにおいては）「礼拝が終わったならば（礼拝を済ませてから）、あなたがたは大地に散らばり（つまり、あなたたちの持ち場に戻り）、アッラーのお恵みを求めるがよい」［クルアーン 62：10］と啓示されている。よって、私たちは来世のために個人の宗教的な義務を完成させるのと同時に、自分の社会的な義務を完成させ、生産を発展させ、生活を改善し、美しい郷里を繁栄させ、祖国を繁栄させる偉大なる事業に身を投じなければならない。

④祖国を愛するには、政府に従わなければならない

　私たちのイスラムは、世界宗教であり、ムスリムたちは全世界に散らばっている。世界各国のムスリムたちは、それぞれ自分の国籍を持ち、彼らは自国の法律を遵守しており、政府の領導に従っている。それらに例外はない。私たち中国のムスリムも同様である。預言者ムハンマドは、こう述べられた。「あなたがたは 5 回礼拝をし、ラマダンには断食をし、ザカートを支払いなさい[40]。あなたがたのリーダーに従いなさい。そうすれば、あなたがたの主の天国に入るであろう」と（このハディースは、イマーム・アフマドとティルミズィーがアブー・ウマーマから伝承された）。

⑤祖国を愛するには、約束を守らなければならない

　私たちのイスラムは、昔から人々に法制の観念を有し、約束を守るように主張している。約束を守らない人は良い国民とは言えず、ましてや良いムスリムとはいえない。

　私たちの国には、すべての民族の共同利益を守る「中華人民共和国憲法」など一連の法律が制定されている。「中華人民共和国憲法」は、全国人民代表大会において厳粛に採択された。その会議に出席し、憲法の採択に投票した代表は、それぞれ約束をしたことになる。その場に私たちムスリムの代表もいた。彼らは、私たち中国ムスリム全体を代表して、約束する権利があった。クルアーンにおいて「そしておまえたちが約定を交わした時には、アッラーの約定を果たせ。また誓約をその確認の後で破ってはならない。確かにおまえたちはすでにアッラーをおまえたちに対する保証人としたのであるから。まことに、アッラーはおまえたちのなすことを知り給う」［クルアーン16：91］、「いや（その様ではなく）彼の約定を果たし、畏れ身を守る者、アッラーは畏れ身を守る者たちを愛し給う」［クルアーン3：76］と啓示されている。

　私たちのアッラーよ！ 私たちを愛国者としてください。私たちの信仰を完璧なものにしてください。アッラーよ！ 私たちの祖国を繁栄させてください。各民族同士親しく、団結するようにしてください。私たちに衣食を満たしたまえ。アーミン！

　以上のような内容の説教をイマームが信徒に向かって行うのである。説教のなかに出てくる「国」は、言うまでもなく、中国共産党が領導する「中華人民共和国」という社会主義国家である。つまり、説教の趣旨は、「社会主義国家を愛せよ（支持せよ）」ということになる。

3) 説教の政治化とムスリムの反応

　こうした説教は、個別的には1980年代から行われていたようである［何2007：140］。しかし、中国イスラム教協会が模範的な説教文案を組織的に編纂しはじめたのは、1993年12月に開催された中国イスラム教協会第6回全国代表会議以降のことであった。この会議以降、中国イスラム教協会は業務の重点を国内の「教務工作」に移し、教務部を設置したほか、同年から全国クルアーン朗誦コンテストを定期的に、また、1996年からは全国説教コンテストを定期的に開くようになっている［中国伊斯蘭教協会編2005：137］。

そして、模範的な説教を説教集にまとめ、各地のモスクに配布して、その活用をイマームに求めるようになった。

　したがって、説教の政治利用が露骨になったのは 1995 年以降のことである。その背後にあったと思われるのが「宗教と社会主義社会との相互調和（相適応）」論である。中国共産党総書記（当時）の江沢民が、1993 年 11 月の第 18 回全国統戦工作会議において示した方針である。「民族工作と宗教工作を高度に重視せよ」と題された演説で強調したのは、宗教と教義を利用した社会主義への奉仕であった[41]。1994 年 1 月には海南島で各宗派の代表者を集めた会議が招集されている[42]。時期的にみて、中央アジア諸国の独立や海外のイスラム復興運動の動向、国内の市場経済化の進展にともなうイスラム復興の動向を危惧してのことであろう。

　今日の新疆において、イマームがこうした「官製説教」を無視して、イマーム独自の解釈を交えた説教を行うことは、事実上不可能になっている。なぜなら、説教の準備から説教の終了に至るまで、中国共産党の統一戦線工作部の監督下に置かれているからである。説教の準備段階では、毎週、説教の内容案を提出させ、金曜日の朝にはイマームらを学習会に招集して、要求どおりの説教を行うよう徹底を図り、実際の説教時間も 30 分以内という制限がある[43]。また、金曜礼拝の際には、群衆警備を名目としてモスク周辺に警察や武装警察を配置し、説教内容に反政府的な表現が含まれていないか、未成年者が礼拝に参加していないか、信徒が不穏な行動をとっていないかを監視している[44]。カシュガル地区の 50 代のウイグル男性は、筆者の聞き取りに対して、次のように証言している。

「普段から、警察関係者がモスクの近くの飲食店で食事をしているようなフリをし、誰が礼拝に参加しているのかをチェックし、飲食店で信徒らがどのような話をしているかをチェックしている」[45]。

　また、30 代の男性は、筆者の聞き取りに対してカシュガル地区で次のような事件があったことを証言している。

「金曜礼拝の時にあるイマームが、未成年者はモスクに入ることをやめるように説教したが、その理由は『未成年者はまだ子供の部類に入り、特に小さい子供は分別がつかず、大人の礼拝の妨げになるので、未成年者のうちは、家で礼拝をするように』というものであった。当局は、『未成年者に家で礼拝するように奨励した』として、そのイマームを辞めさせた。信徒らは、イマームは信徒への配慮と党・政府機関のメンツを保ったギリギリの線で説教をしたにもかかわらず、なぜ辞めさせたのか、と党や政府に対し非常に強い反感を抱いた」[46]。

4）イマームの政治動員

　このほか、イマームは、さまざまな政策宣伝活動に動員されている。比較的典型的なウイグル社会を保っているイェンギサル県に焦点を当て、県政府のウェブサイト[47]からイマームの活動を整理してみよう。イェンギサル県は、新疆において最もイマームの人口が集中しているカシュガル地区に属し、総人口の98％が「少数民族」である[48]。現地の路地には、至る所に「非法」宗教活動や個人でのメッカ巡礼の禁止を伝達する政治スローガンが書かれており[49]、そうしたことから、共産党にとって社会の「脱宗教化」を目指すための政策が重点的に実施されている地域であることがわかる。

　表2は、県政府のウェブサイトから、イマーム関連のニュースを抜粋したものである。これをみると、イマームはおおよそ宗教とは関係のない様々な活動に「宣伝隊」として動員されていることがわかる。例えば、「エイズ予防治療の宣伝活動」（2009年11月16日）や「宗教界が『新疆ウイグル自治区民族団結教育条例』を学習し、貫徹する活動を展開」（2010年3月10日）「『新農保』加入促進運動」（2010年10月11日）などのニュースである。

　「エイズ予防治療の宣伝活動」（2009年11月16日）では、イマームが「エイズ予防治療条例」（2006年）やエイズ予防知識を宣伝したという。

　また、「宗教界が『新疆ウイグル自治区民族団結教育条例』を学習し、貫徹する活動を展開」（2010年3月10日）では、イマームが新しく制定された「新疆ウイグル自治区民族団結教育条例」（2009年）の宣伝に動員されたことが報告されている。この条例は、2009年7月5日に発生したウルムチ事件

表2　イェンギサル県政府ウェブサイト掲載のイマーム関連活動

年月日	活　動	内　容
2009.11.16	エイズ予防治療の宣伝活動	イマームが信徒にエイズ予防知識やその他関連知識を普及させる。
2009.12.15	「法の統治を農村へ」宣伝、教育活動	イマームが「反分裂国家法」、「宗教事務条例」、「信訪条例」等の法律及び党の「民族宗教政策」についての研修を受ける。
2010.3.10	宗教界が「新疆ウイグル自治区民族団結教育条例」を学習し、貫徹する活動を展開	イマームに「新疆ウイグル自治区民族団結教育条例」についての研修を行い、信徒への宣伝に動員。
2010.3.29	イマームに生活補助金を支給	県財政局がイマームへの生活補助金の支給を徹底させる。これまでに県は、2005年から毎年115,920元（約1,564,920円）の資金を支給。
2010.5.14	信徒らを対象に民族団結宣伝教育を強化	イェンギイェル郷の8つの村のジュマモスクでイマームが「民族団結条例」、「信訪条例」、「計画生育条例」（産児制限条例）を宣伝。本活動は県党委員会統一戦線工作部の民族団結教育活動の一貫であり、県政治協商会議副主席、県イスラム教協会会長らも列席。
2010.9.21	「偉大なる祖国を愛し、すばらしい郷里を建設しよう」説教大会	「偉大なる祖国を愛し、美しい郷里を建設しよう」をテーマとする説教大会に、15人のイマームが参加。自らの経験に基づいて「宗教と社会主義社会の相互調和」を語り、「国を愛することは、信仰の基礎である」と宣伝。
2010.10.11	「新農保」加入促進運動	イマームとその家族に「新型農村社会養老保険」（新農保）に加入させ、信徒らへの普及を図る。
2010.10.11	イマーム研修の強化	イマーム研修を開講。開講式は、県統一戦線部常務委員会副部長が主催し、県党委員会常務委員、県政府副県長、県政治協商会議副主席、県イスラム教協会会長、県統一戦線部関係幹部らが列席。イマームの政治理論や法知識のレベルを向上させ、社会の安定や民族団結の強化を図る。
2011.1.27	県四大幹部が春節前にイマームを慰問	県政治協商会議主席が県統一戦線部の慰問団を率いて「5つの良い」イマームを慰問し、1人につき300元（約3,600円）を贈る。県党委員会常務委員、県人民代表大会副主任らも同行。党の民族宗教政策の宣伝や、民族団結、宗教過激派摘発などへの協力を要請。
2011.4.20	中国共産党創立90周年宣伝活動	中国共産党創立90周年宣伝活動の一貫として、県統一戦線部、県民族宗教局、県イスラム教協会及び政治レベルの高い県イマームらが、毎週水・木曜日に郷・鎮のイマームを対象とした宣伝教育を行う。教育内容は、「新疆の歴史と発展」、「新疆宗教変遷史」、「新疆ウイグル自治区民族団結教育条例」等。同時に自治区統一戦線部配布の「愛国イマームの勤労は、富へと導く」などの教育映像も視聴。

2011.5.9	2011年度イマーム研修が開講	研修では、「新疆宗教変遷史」、「宗教事務条例」のほか、「3つの勢力（テロリスト・民族分裂主義者・宗教過激派）の反動的な本質と危険性について」、「非法宗教活動の26の行い」などを学び、「どのようにイマームの役割を発揮できるか」などについて討論した。
2011.7.21	「偉大なる祖国を愛し、すばらしい郷里を建設しよう」説教大会	マンシン郷で50人のイマームが、「偉大なる祖国を愛し、すばらしい郷里を建設しよう」のテーマで、説教大会に参加。
2011.7.27	「大建設、大開発、大発展」説教大会	県16人のイマームが、「大建設、大開発、大発展」をテーマとする説教大会に参加。イスラムの教義・規範を援用した説教を通じて「偉大なる祖国の御恩に感謝し、すばらしい郷里を建設」することを表明。
2011.8.4	イマームが治安維持を担う警察を慰問	県民族宗教局は、全県イマームの代表30人を組織し、治安維持を担う警察（公安、民警）を慰問。西瓜、水、即席めん、生きた羊など3,000元（約36,000円）相当の物品を贈呈。
2011.9.7	ブウィ研修会を開催	イェンギエル郷の統一戦線部と婦女聯合会が郷の全ブウィに研修を行う。この研修会を通じて、ブウィの非法宗教活動についての判断能力を高めるとともに、女性の非法宗教活動への参加を防止することがねらい。
2011.9.20	「母親の素養レベルを向上させ、麗しい人生を示そう」を宣伝	県婦女聯合会が、「さあ、美しい髪を風になびかせて、美しい顔を表に出そう」と題する活動を展開。「民族的な服装と宗教」、「4つの認識」（祖国、中華、中華文化、中国の特色ある社会主義）などについて宣伝。県内の女性幹部、教師など婦女600余人とイマームらが出席。
2011.11.3	犠牲祭前に暖かい思いやりをプレゼント	キジル郷の組織幹部らが、14の村のイマーム、退職幹部、貧困家庭や老幹部の寡婦らに、食用油、羊肉、米、小麦粉、果物等を贈る。
2011.11.4	県四大幹部が犠牲祭でイマームを慰問	県党委員会組織部、統一戦線部等が、県党委員会書記、県政府県長ら四大幹部を率いて、30人のイマームを犠牲祭にあわせて慰問。慰問金9,200元（約110,400円）を贈呈し、県党委員会、県政府を代表して長年の社会安定維持への積極的な貢献に感謝の意を表明。
2011.11.17	脊髄灰質炎予防運動	自治区政治協商会議委員、カシュガル地区イスラム教協会副会長、カシュガル市エイティガルモスク副ハティープが来県し、「脊髄灰質炎予防運動」の宣伝活動を展開。各郷、鎮の統一戦線部の幹部および全県のイマームらが出席。
2012.1.9	治安維持工作イマーム動員大会を開催	県統一戦線部は、治安維持工作においてイマームに率先して模範的な役割を担わせるための動員大会を開催。テロ、非法宗教活動の発生を防止し、県全体の社会、政治の安定を図ることが目的。本大会には、各郷・鎮の統一戦線部および民族宗教局関係者、各郷・鎮のイマームら計700余人が参加。

2012.4.18	イマームを対象に産児制限に関する研修を行う	県人口計画生育委員会は、各郷・鎮のイマームに対して産児制限に関する研修を行った。産児制限に関する法律、奨励などを学ばせ、信徒に産児制限政策を宣伝させることがねらい。
2012.5.14	「美女プログラム」宣伝活動	県婦女聯合会が、ウチャル郷において「美女プログラム」宣伝活動を展開。「民族的な服装と風俗習慣」、ニカーブ着用のデメリットなどを訴えた。本活動には、女性幹部、女性教師、一般女性のほかイマームら計 500 人が参加。
2012.5.24	ブゥィ研修会を開催	ブゥィ研修会をサガン郷にて開催。研修会では、サガン郷宗教領導小組がブゥィの「批准・登録」、「活動内容」の管理体制を強化することについて説明。
2012.6.4	中学校で「科学を崇め尊び、宗教から遠ざかろう」宣言・署名式を開催	ウチャル郷全域の中学で「科学を崇め尊び、宗教から遠ざかろう」宣言・署名式を開催。高級中学と初級中学の 3 年生に、祖国統一・民族団結を守り、科学知識を崇め尊び、宗教から遠ざかることを宣言させ、署名させた。
2012.6.28	小学校で「暴力に反対し、法を尊重、秩序を尊重し、宗教から遠ざかろう」宣伝活動を展開	警察官（民警）が県第二小学校に来校し、教師や学生に「非法宗教活動とテロが青少年に与える危険性」について事例を交えて解説。
2012.7.8	婦女聯合会が「非法宗教活動を制止しよう」巡回宣伝活動	自治区婦女聯合会系宣伝団がカシュガル地区婦女聯合会副書記とともに来県し、ニカーブや宗教的服装をさせないための教育や合法・非法宗教活動についての解説を行った。県内の婦女幹部やその他女性、およびイマームら計 700 余人が聴講した。
2012.8.7	「美女プログラム」ファッションショーを開催	県党委員会、県政府、県婦女聯合会が中心となり、サガン郷で花嫁の化粧やニカーブをとった姿のファッションショーを開催。県婦女聯合会主席、県長など幹部やその他女性計 230 余人が参加。

出所）「英吉沙政府網」掲載の情報を整理して筆者作成（http://www.yjs.gov.cn/　2012 年 8 月 24 日閲覧）。

（後述）[50]を受けて制定された条例であり、その第 5 条は「漢民族は少数民族から離れられない、少数民族は漢民族から離れられない、それぞれの少数民族も相互に離れられない」（3 つの離れられないこと）という思想を堅持すべきであると明記している[51]。第 17 条では、モスクにおいて、イマームを活用した民族団結教育を求めている[52]。ちなみに、民族団結の教育内容は、マルクス主義の国家観・民族観・宗教観・歴史観と民族政策・宗教政策などである[53]。この条例とともに、イェンギサル県の統一戦線工作部は、さらに「信訪条例」[54]、「産児制限」などの政策も徹底させるため、イマームを動員

してモスクで宣伝させている（2010年5月14日）。こうした活動は、イェンギサル県のイマームだけではない。トルファン地区やホタン地区のイマームも同様であり、それぞれの担当地区で宣伝教育に参加することが求められているのである[55]。

このほか、「『新農保』加入促進運動」（2010年10月11日）では、イマームが年金普及キャンペーンにも動員されている。新疆では、2009年から「新型農村社会養老保険」という新しい年金が導入されたが、その「試験実施方案」のなかにイマームが対象者として含まれていたため[56]、県の統一戦線部の宗教部門は、まずイマームとその家族を加入させて、普及を図ったのである。

5）説教大会

一方、イェンギサル県のイマームは、各種「説教大会」にも忙しい。「『偉大なる祖国を愛し、すばらしい郷里を建設しよう』説教大会」（2010年9月21日）では、県の15人のイマームが「宗教と社会主義の相互調和」と「国を愛するということは、信仰の基礎である」の宣伝を交えて説教を行ったという。

「『大建設、大開発、大発展』説教大会」（2011年7月27日）では、県の16人のイマームが、教義を交えて、「偉大なる祖国の御恩に感謝し、すばらしい郷里を建設」する意思を表明している。そして、「3つの離れられないこと」、「4つの認識」（祖国、中華民族、中華文化、中国の特色ある社会主義）、「6つの良いもの」（共産党、社会主義、偉大なる祖国、改革開放、民族団結、人民解放軍）という政治スローガンに関連したテーマで、各自の実践体験にもとづいた説教を披露している。この説教大会には、イェンギサル県の共産党常務委員、統一戦線工作部、民族宗教局など関係者のほか、県イスラム教協会会長をはじめ250名のイマームらが列席した。

説教大会は、エイズ予防宣伝や年金加入キャンペーンと比べれば宗教的な活動であるが、所詮は共産党や政府の意向に沿った活動であり、結局のところ、その内容は政治性を帯びざるを得ない。共産党や政府は、イマームを説教大会に参加させることによって、政策の浸透と説教の統一を図ろうとして

いると思われる。説教大会で入選したイマームらは、さらにカシュガル地区、新疆ウイグル自治区、中国全国大会と順に勝ち抜くことによって、共産党や国家への忠誠心の表明をさらに余儀なくされることになる。

　かくして、イマームが話す説教は、政治性を帯びたものが多くなる。モスクでは「民族団結」などイスラムとはあまり関係のないことや、「産児制限」などイスラムに反することも宣伝されるようになる。イマームとしての役職と政策宣伝員としての役割が渾然一体化し、これに熱心なイマームは、党・政府からは「愛国宗教人士」と敬称され、信徒らからは「政治屋イマーム」と揶揄されることになるのである。

　こうした状況について、ウルムチ市内の20代の男性は、聞き取り調査に対して次のように証言している。

「イマームは、モスクで宗教的な話をする勇気がないんだよ。イスラムに関連する話といえば、最近、人が利己主義になっているとか、礼儀がなっていないとか、そういう当たり障りのない話ばかりで、イスラムをごまかしている。わざわざ礼拝に行ってイマームの説教を聞いても物足りないし、意味がない」[57]。

6) イマームの登録制度

　しかし、信徒から「勇気がない」と揶揄されるイマームも身動きがとれない。新疆においては、既に1987年からイマームの審査、登録制度が実施されている。1990年に出された「新疆ウイグル自治区宗教職業人員管理暫行規定」（第3条、第4条）[58]以降は、政治思想や宗教知識などに関する試験の合格証や宗教職業証の取得が義務付けられている。登録が抹消されれば、イマームはその日から非合法となり、宗教活動の「空間」から排除されることになるのである。

　ちなみに、イマームは非居住者（他所者）であってはならない。活動場所の居住者に限られている（「新疆ウイグル自治区宗教職業人員管理暫行規定」（1990年）第3条[59]、「新疆ウイグル自治区活動場所管理暫行規則」（1988年）第8条[60]）。イマームの活動範囲にも制限がかけられており、政府の許可なく活

動場所の所在地区を越えて広域的な宗教活動を行ってはならない。他の省、市、区から来たイマームが宗教活動をすることも禁止され、他の土地のイマームとの交流は政府の許可が必要である（「新疆ウイグル自治区宗教活動管理暫行規定」（1990 年）第 11 条[61]、「新疆ウイグル自治区宗教事務条例」（2014 年）第 27 条[62]）。イマームのネットワークは、空間的に遮断されているのである。こうしてイマームの活動を可視化すると同時に不穏分子を排除・非合法化し、かつ空間的に分断することによってネットワーク化を防ぐ管理体制が構築されているのである。

（2）新疆における脱宗教化──女性管理

1）ブウィ管理の開始

　私的空間である家庭内を主な信仰の場所とする女性信徒に対しては、どのような統制が行われているのか。

　新疆のテュルク系女性は、現地の慣習により、モスクで礼拝することはない[63]。礼拝は自宅で行うのが一般的である。女性は女性の世界を確立し、そのなかでイスラムの信仰を確立している。女性信徒がイマームの説教に触れる機会は、金曜礼拝時にモスクの外に漏れ伝わるイマームの声や、金曜礼拝に参加した男性家族の話などに限られている。それゆえ、これまで共産党や政府は、男性信徒に対してのように、イマームの説教を通じて女性信徒を政治的に教化することができなかった。しかし、共産党や政府は、女性世界にも宗教指導者的な役割を果たしている「ブウィ」（büwi）と呼ばれる人物が存在していることに注目し、近年では彼女たちを介した統制を強めつつある。

　ブウィとは、宗教的知識が豊富な女性の敬称である。もともとは死亡した女性の体を清める役割を担う人物のことをいった［Rudelson 1997：84］。そのため、中国語ではブウィを「布維」（buwei）と音訳するほか、「女洗屍人」と意訳したりしている。現在では、そうした役割を担うだけではなく、例えば女性に礼拝の大切さを教えたり、妻として行うべき所作を示したり、ともに宗教書を学習したりなどの役割を担っている［何 2007：69，91］。ブウィは新疆のウイグル社会における女性たちの間で非常に尊敬される存在で

あり、ブウィとともに学習をしていた12歳の女児（1980年代当時）は、「将来は、ブウィになって礼拝をする大切さを説き、より多くの人に時間通りに礼拝をし、現世での罪をあがない、アッラーに誠意を示すように伝えたい」と発言したことが記録されている［何 2007：69］。

　ところがブウィに対しては、イマームのような登録制度がこれまで存在していなかった。しかし、近年、共産党傘下の婦女聯合会が主体となって、男性社会のイマームと同様に「ブウィ」の管理を進めようとしている。女性への統制が強化される背景にあるのは、もちろん新疆の女性社会におけるイスラム復興にある。しかし、直接の契機になったのは、2009年7月5日に発生したウルムチ事件であったといってよい。事実、事件から半年後の2010年1月に、新疆ウイグル自治区婦女聯合党組の王建玲書記が、北京で開催された全国婦女聯合会（第十期二回執行委員会）の席上で、新疆における女性に対する管理の強化を発表している[64]。王書記は、「現在、国内外の『3つの勢力』（テロリスト、民族分裂主義者、宗教過激派）が貧困で辺鄙な地域の女性に狙いを定め、これらの女性の思想（考え方）が閉鎖的で、観念が相対的に遅れており、文化的なレベルが低いという弱点を利用して、巧みに誘惑し、騙し、手なずけている」（カッコ内は筆者注）と分析し、「『ウルムチ事件』に女性が参加していたことが、動かぬ証拠である」として、以下の方針を示している。

「新疆の婦女聯合会は、『宗教的意識を弱め、文明的生活を崇め尊ぶ』宣伝活動を組織的に行い、各民族の女性の政治的な判断能力と思想的な免疫力を高めなければならない。そして、『ブウィ』への教育を強化する。女性党員と『ブウィ』は半月に一度の連絡体制を堅持し、『ブウィ』が法律や民族宗教政策の知識を高めて、一般の婦女らに邪説を広めないように教育をしなければならない」（要旨）

　女性の宗教活動を警戒し、今まで統制の対象外であった「ブウィ」を宗教管理の枠内に組み込んで、管理しようというのである。
　管理の考え方はイマームと同様で、登録制である。ブウィに研修を受けさ

せて登録し、活動記録簿を作成し記録するという方式である[65]。まず、村の共産党支部と婦女委員会によってブウィの政治思想や人物的素養が審査され、審査に通過したブウィが推薦される。ムスリム婦女民主評議会・郷党委員会・婦女聯合会はそのブウィを許可し、「档案」とよばれる政府管理のためのブウィの経歴書を作成し、登録する。続いて、民政局・婦女聯合会・総合治理委員会と民族宗教事務部門等が定期的にブウィの研修会を開催し、併せて賞罰制度を設ける。模範的なブウィには物質的な奨励を与えるが、宗教法律規定に沿って活動をしない場合は再教育をし、それでも改めなければ資格を抹消する。

　一方、「許可・登録」後のブウィの「活動内容」の管理は、村の共産党支部と婦女委員会がブウィの宗教活動記録簿や半月に1回の面談記録簿などを作成することによって行うという[66]。おそらく、一定数のブウィの研修が終わった段階で、正式に女性宗教指導者として指定して登録し、登録を拒否するブウィや政治的に問題のあるブウィを「非法」として排除しようという計画であろう。

　ブウィの研修で話されている内容は、「政治屋イマーム」の説教を彷彿とさせるものである。例えば、カシュガル市コガン郷では、ブウィ研修会にカシュガル地区の中心的存在であるエイティガルモスクのイマームが招待され、クルアーンの教えと偉大なる祖国を愛することについての演説をし、「民族団結」、「社会安定」などについて説いたという[67]。要するに、これまでモスクで男性信徒に説教をしていた内容を、ブウィにも聞かせるのである。ホタン地区やトルファン地区でも同様に、ブウィの研修や教育宣伝活動を行い、ブウィに対しての管理を強化している[68]。

2）ニカーブ着用の規制

　このほか、女性の場合はニカーブの着用が焦点になる。前述の王書記は、さらに一般の女性に対しても、婦女聯合会が描く「女性像・母親像」に近づけ、宗教的側面を削ぐ方針を示している。

「新疆において、『さあ、美しい髪を風になびかせて、美しい顔を表に出しま

しょう』（譲美麗的頭髪飄起来、譲漂亮的臉蛋露出来）キャンペーンを展開し、どういった服装が伝統的で民族的な服装なのか、なぜ、ニカーブを着用しないようにするのかについて説き、（筆者注　精神的に）健康で近代的な生活スタイルを確立させなければならない。ラビア（筆者注　ラビア・カーディル）を筆頭にした『世界ウイグル会議』や『3つの勢力』の『母親像』の急所をつくために、新疆婦女聯合会は『母親の素養教育活動』を推し進める」（要旨）

　ニカーブ着用に規制をかけ、ニカーブを着用しないことが精神的に健康で近代的なスタイルであるとするキャンペーンである。そして、

「婦女聯合会の女性情報員に担当地区の各家庭の経済的状態、政治的言動、宗教活動の状況および、担当地区の女性の思想や行動、そして外出状況を把握させ、報告させる」（要旨）

という女性社会の統制方針を示している。
　実際、カシュガル地区においては、市の中心広場で「長い髪を風になびかせて」（長髪飄飄）、「どうかあなたのニカーブをとって、美しい顔を表に出してください」（請掲掉你的面紗、露出漂亮的臉蛋）といったテーマの演劇が行われている[69]。ニカーブを着用させないための宣伝である。また、表2に整理した「『美女プログラム』ファッションショーを開催」（2012 年 8 月 7 日）では、婦女聯合会の基準に沿った服装のファッションショーを開催して、宗教的な服装を否定し、婦女聯合会の基準に沿った服装にするよう改革を求めた。このほか、アクス地区では、婦女聯合会が各戸調査を通じて、実際に宗教的な服装をしている女性の年齢、学歴、思想、行動などのデータを整理し、個別に教育して服装を改めるよう説得し、2091 名の女性に服装を改めさせたという［阿克蘇地区地方誌辦公室編 2011：124, 125］。トルファン地区では、宗教的な服装をしている女性に対して対面式で宣伝教育をし、今後は顔を覆わず宗教的な服装をしないという内容の「承諾書」にサインをさせるなどしている［吐魯番地区地方誌編纂委員会編輯室編 2011：86］。
　服装のキャンペーンは一般女性にとどまらず、ニカーブなどの宗教的な衣

料品店や仕立て屋にまでおよんでいる。店員に宗教的な格好をさせない、販売させない、縫製させない、マネキンに着させないといった徹底ぶりである[70]。母親に対しては、表2に整理したように、「『母親の素養レベルを向上させ、麗しい人生を示そう』を宣伝」（2011年9月20日）し、イマームや各界の女性代表者らが臨席して、「民族的な服装と宗教」、「4つの認識」（祖国、中華民族、中華文化、中国特色社会主義）などについての宣伝教育が行われた。この活動を通じて「科学的・文明的・健康的な女性」へと導き、「妻として・母として・娘として」県の民族団結、社会安定に貢献するよう宣伝を進めたという。また、ホタン地区では、「誰が我々の敵で、誰が我々の兄弟姉妹なのか」というテーマで、イマームが、女性らにイスラムの教義を交えて民族団結や党の民族政策を宣伝教育している［和田年鑑編纂委員会編 2011：97］。実際に筆者は現地調査（カシュガル市、ホタン市）において、婦女聯合関係者が路上に立って、正しい女性の服装のパネル展示をし、ニカーブ姿の女性を取り締まっていたことを確認している[71]。

　現在の新疆の女性社会について、女性たちは次のように証言している。

「複数の女性が家に集まってクルアーンなどイスラムについての勉強会をすることは不可能なのです。密告されることを防ぐために、必ず女性2人だけの一対一で勉強をするのです。クルアーンを持って歩いているところが見つからないように、勉強に行く時はお盆とナンや料理の間にクルアーンを挟み、お盆を肩にのせ、その上から布をかぶせて、外からは分からないようにして持つのです」

「誰が宗教的な活動をしているか、普段、家にいる女性同士が、相互に監視をし合っている状態で、何か疑われると密告をされる可能性があります。マハッラ（筆者注 地域コミュニティー）で隣近所の信頼関係が非常に悪化しているのです」

「たいてい3カ月に一度、警察が家に来て、宗教的な本がないか、一斉家宅

捜査が行われ、家畜飼料用の麦わらの中まで捜査をしている」[72]

　新疆においては、こと宗教活動に関しては、私的・公的空間に関係なく過敏に反応する社会が形成されつつあると言えよう。

(3) 新疆における脱宗教化──未成年者管理

　最後に、「時間」からの統制を進めるものとして、未成年者に対する統制を見てみよう。新疆においては、「新疆ウイグル自治区宗教事務条例」（2014年）37条[73]によって、未成年者の宗教活動は禁止されている。しかし、実際には、この条例が発布される前から、未成年者の宗教活動の取り締まりは行われていた。

　表2に整理したように、学生に対しても事実上の「脱宗教」キャンペーンが展開されている（表2の2012年6月4日、2012年6月28日）。

　2012年の夏休みは、ちょうどラマダンであった。このため、夏休みの毎週金曜日は登校日となり、「非法宗教活動」に先生と生徒が参加していないか検査が行われたという[74]。また、トルファン市においては、新疆以外の地域に在学している大学・高校生や現地の学生を集めて、宗教書を学んだり、宗教活動に参加したりしないことを呼びかけるセミナーが開かれた[75]。大学においては、校則自体に、礼拝や宗教的な学習に参加した場合には退学処分を科す、あるいは断食を禁止する、といった規定があるという［Bovingdon 2010：71］。このように、新疆では未成年者の信仰の制限が行われているが、ボビンドンはこうした動きについて、共産党は、長い時間をかけて今の世代から次の世代へと宗教を伝えさせないようにすることを目的にしていると指摘している［Bovingdon 2010：68］。

　それでは、法規定がまだ未整備であった時期に、未成年者の信仰は何を根拠に制限されていたのであろうか。これについては、「新疆ウイグル自治区転変作風服務群衆領導小組辦公室」が作成した宣伝資料や、2012月6月から8月までにカラマイ市第十三中学で展開された「『非法宗教活動』を排除し検査する工作準備」活動の資料が参考になる[76]。特に後者は未成年者の信仰が制限されることについての法解釈が詳細に整理されていて興味深い。政

府による公式の見解ではないが、活動内容の政治的敏感性から考えて政府の見解をほぼ反映しているとみてよい。そこからは、幾つかの法律や条例、規定を援用あるいは拡大解釈して、未成年者の信仰を実質的に制限しているという構図が浮かび上がる。

制限の根拠の第一は、学生の信仰を支持・指導・容認することは、国家の教育事業の妨害にあたるという解釈である。すなわち、「中華人民共和国憲法」（2004 年）第 36 条[77]、「中華人民共和国民族区域自治法」（2001 年）第 11 条[78]、「宗教事務条例」（2004 年）第 3 条[79]、「中華人民共和国教育法」（1995 年）第 8 条[80]、「新疆ウイグル自治区宗教活動管理暫行規定」（1990 年）第 7 条[81]の 5 つの法令は、共通して「すべての個人は宗教を利用して、社会秩序を破壊し、公民の身体健康に損害を与え、国家の教育制度の活動を妨害してはならない」と規定している。ゆえに、学生が信仰したり宗教活動に参加することを指導したり、支持したり、容認したりすることは、国家の教育制度の執行を妨害し、教育事業の発展に悪影響を与えることになるから違法であるという解釈が成り立つとしている。

根拠の第二は、保護者が未成年者に信仰を促したり、未成年者の信仰を容認したりすることは信仰の「強制」にあたるという解釈である。すなわち、「中華人民共和国憲法」（2004 年）第 36 条[82]、「宗教事務条例」（2004 年）第 2 条[83]、「新疆ウイグル自治区宗教活動管理暫行規定」（1990 年）第 2 条[84]の 3 つの法令には、共通して「宗教を信仰する自由もあれば、信仰しない自由もある。宗教活動に参加する自由もあれば、参加しない自由もある。すべての社会団体および個人は、公民に宗教を信仰するようにあるいは宗教を信仰しないように強制してはならない」と規定している。これに、「未成年者は、未だ独立した民事行為の能力がない。したがって、保護者は、未成年者に対し、健康的に成長できる環境・条件を与えなければならない」という論理が加わり、ここから「保護者が未成年者に対して、地下宗教クラスに参加したり、説教を聴いたり、断食することを勧めたり、容認したりすることは、信仰の強制という性格を帯びるから、信教の自由の規定に反する行為であり、非法行為に属する」という解釈が導かれる。

根拠の第三は、学生に宗教を信仰させることは、宗教と教育の分離の原則

に反するという解釈である。すなわち、「中華人民共和国教育法」（1995 年）第 8 条[85]は「教育活動は、国家と社会公共利益に符合しなければならない。国家は、教育と宗教を相互に分離する。すべての社会団体および個人は、宗教を利用して、国家の教育制度の活動を妨げてはならない」と規定し、「新疆ウイグル自治区宗教活動管理暫行規定」（1990 年）第 12 条[86]は「個人が勝手に宗教学校や宗教クラスを開いてはならず、神学生を連れ育ててはならない」と規定している。また、「中華人民共和国未成年人保護法」（2006 年）第 3 条[87]は「未成年者は、教育を受ける権利を有し、国家、社会、学校および家庭は未成年者が教育を受ける権利を尊重し保障する」と規定し、「新疆ウイグル自治区未成年人保護条例」（2009 年）第 34 条[88]は「すべての組織や個人は、未成年者が宗教活動に参加することを誘導したり、強制したりしてはならず、宗教を利用して義務教育活動を妨害してはならない」と規定している。このことから、如何なる組織や個人であれ、国家の教育制度を保障する義務があり、未成年者が国家の教育を享受する権利を保障しなければならず、学生に宗教を信仰させることは宗教と教育の分離の原則に反するという解釈が導かれる。

　未成年者の学校内での礼拝や断食は、学校が登録された宗教施設ではないことをもって明確に禁じられるのであろうが、それ以外は法令の援用や拡大解釈によるものであるといってよい。しばしば話題になるモスクへの立ち入り規制も、「教育を受ける権利」を保障するため、という論理になるのであろう。上記のような法解釈をまえに、施設管理者としてもそのように対応することが求められたと考えることもできる。そうなると、未成年者に対する宗教教育も委縮せざるを得ない。アトシュ市で聞き取り調査をした 30 代の男性は、保護者の立場から次のように語っている。

「先生が学校で子供に、家で礼拝や断食をしているのか、と訊くのです。もし子供が礼拝や断食をしていると答えたとしましょう。すると、先生が親を呼び出して、子供に宗教的な教育をするなと咎めるのです。娘は母親に、息子は父親に従って宗教的なことを学んでいかなければいけないのに、なぜ、家の中のことまで先生が指図してくるのか。特に母親が娘に宗教的道徳を教

64

えることは、娘の嫁入りや娘が母親になった時に大切なことなのに」[89]。

　以上のとおり、イマーム、女性信徒、未成年者に関する事例からもわかるように、今日の新疆が置かれている状況は、共産党や政府がイマームの活動を統制し、政策宣伝に動員し、婦女聯合会が母親を監視し、未成年者が信仰から遠ざけられ、学校が「教育」を盾に子供や保護者を監視するというものである。イマームを家に呼んで勉強会をしようにも、イマームは登録制のうえ、登録された宗教活動場所以外で宗教活動をすることを禁じられているために難しい。ブウィを家に呼ぼうにも、ブウィすら今や婦女聯合会の管理下に置かれつつある。モスクで子供に宗教教育を受けさせることも不可能である。信仰の自由の原則論的な保障のもとで、まさに「空間」と「時間」からの統制が信仰のいとなみの各分野に及んでいるのである。

注
1) ヒジャーブ、ニカーブに対して制限があるが本稿ではニカーブで統一する。
2) 2010年8月から9月にかけてのウルムチ、カシュガル、ヤルカンドにおける現地調査および2011年8月のカシュガル、ホタン、2014年7月のウルムチ、ホタン、ヤルカンド、カシュガルにおける現地調査による。
3) 国務院「宗教事務局、国家建設委員会などの機関が作成した『宗教団体の不動産についての政策などを着実に実行する問題に関する報告』を批准し、転送する」(国務院批転宗教事務局、国家建委等単位「関於落実宗教団体房産政策等問題的報告」)(1980年)[中共中央文献研究室総合研究組・国務院宗教事務局政策法規司編 1995：23-26]による。
4) 2010年のモスク数は[胡 2012：75]による。その他の年（時期）は、[新疆維吾爾自治区地方誌編纂委員会編 1988：548]から算出した。
5) [新疆維吾爾自治区地方誌編纂委員会編 2011：359]による。
6) 「宗教事務条例」(2004年) 第13条 [国家宗教事務局政策法規司編 2010：4, 5]。「宗教事務条例」は、2018年に改訂版が施行されているが、本書では2015年までに焦点を当てているため、2018年改訂版は分析の対象としない。
7) 「宗教活動場所設立の審査批准と登記の方法」(2005) 第2条 [国家宗教事務局政策法規司編 2010：182]。
8) 「宗教事務条例」(2004年) 第12条 [国家宗教事務局政策法規司編 2010：4]。
9) カシュガル市の事例。在外ウイグルへの聞き取り調査による（調査時期2011年9月、調査地イスタンブール、調査対象者40代、女性）。
10) 「新疆ウイグル自治区宗教事務条例」(2014) 第37条　新疆ウイグル自治区民族宗教局ウェブサイト

http://www.xjmzw.gov.cn/news/zcfg/flfg/5169.htm
（2017 年 11 月 28 日閲覧）
同条例は、1994 年に制定された「新疆ウイグル自治区宗教事務条例」の改正版である。
11）「イスラム教、ラマ教の宗教制度改革に関する指示」（1959 年）［賀 2010：58, 59］。
12）「新疆ウイグル自治区宗教活動場所管理暫行規則」（1988 年）第 15 条
　　国務院法制辦公室ウェブサイト
　　http://fgk.chinalaw.gov.cn/article/dfgz/198811/19881100293616.shtml
　　（2013 年 5 月 26 日閲覧）
13）「宗教事務条例」（2004 年）第 20 条［国家宗教事務局政策法規司編 2010：5］。
14）「新疆ウイグル自治区宗教事務条例」（2014）第 36 条
　　新疆ウイグル自治区民族宗教局ウェブサイト
　　http://www.xjmzw.gov.cn/news/zcfg/flfg/5169.htm
　　（2017 年 11 月 28 日閲覧）
15）「宗教事務条例」（2004 年）第 35 条［国家宗教事務局政策法規司編 2010：7］。
16）「新疆ウイグル自治区宗教事務条例」（2014）第 36 条
　　新疆ウイグル自治区民族宗教局ウェブサイト
　　http://www.xjmzw.gov.cn/news/zcfg/flfg/5169.htm
　　（2017 年 11 月 28 日閲覧）
17）「新疆ウイグル自治区宗教活動場所管理暫行規則」（1988 年）第 16 条
　　国務院法制辦公室ウェブサイト
　　http://fgk.chinalaw.gov.cn/article/dfgz/198811/19881100293616.shtml
　　（2013 年 5 月 26 日閲覧）
18）「新疆ウイグル自治区宗教活動管理暫行規定」（1990 年）第 4 条［新疆維吾爾自治区人民政府法制辦公室編 1992：190］。
19）トルファン市の事例。在外ウイグルへの聞き取り調査による（調査時期 2011 年 6 月、調査地日本、調査対象者 40 代、男性）。職場は「宗教活動場所」ではないから、「法律の保護」の対象外という論理であろう。
20）トルファン市の事例。在外ウイグルへの聞き取り調査による（調査時期 2011 年 6 月、調査地日本、調査対象者 40 代、男性）。
21）「宗教事務条例」（2004 年）第 11 条［国家宗教事務局政策法規司編 2010：4］、「新疆ウイグル自治区宗教事務条例」（2014 年）35 条
　　新疆ウイグル自治区民族宗教局ウェブサイト
　　http://www.xjmzw.gov.cn/news/2cig/5169.htm
　　（2017 年 1 月 28 日閲覧）
22）中国イスラム教協会については［澤井 2011］に詳しい。
23）「宗教事務条例」（2004 年）第 43 条［国家宗教事務局政策法規司編 2010：9］。
　　「新疆ウイグル自治区宗教事務条例」（2014 年）第 57 条
　　新疆ウイグル自治区民族宗教局ウェブサイト
　　http://www.xjmzw.gov.cn/news/2cfg/flfg/5169.htm

66

（2017 年 1 月 28 日閲覧）

24）個別メッカ巡礼については［喀什地区党史地方誌辦公室編 2007：257］に詳しい。

25）1949 年 10 月 1 日に建国された中華人民共和国は、1949 年に臨時憲法として「中華
人民政治協商会議共同綱領」を発布し、その後、1954 年に「中華人民共和国憲法」
を制定したあと、1957 年、1975 年、1978 年、1982 年、2004 年に憲法を改正をし
ている。「信仰の自由」を規定した条文は以下の通り。本書では 2015 年までに焦点
を当てているため 2018 年の憲法改正は扱わない。
1949 年「中華人民政治協商会議共同綱領」第 53 条［竹内実編訳 1991：26］。
1954 年「中華人民共和国憲法」第 88 条［竹内実編訳 1991：52］。
1975 年「中華人民共和国憲法」第 28 条［竹内実編訳 1991：83］。
1978 年「中華人民共和国憲法」第 46 条［竹内実編訳 1991：103］。
1982 年「中華人民共和国憲法」第 36 条［竹内実編訳 1991：120-121］。
2004 年「中華人民共和国憲法」第 36 条
「国務院公報」中華人民共和国中央人民政府ウェブサイト
http://www.gov.cn/gongbao/content/2004/content_62714.htm
（2017 年 6 月 30 日閲覧）

26）「宗教事務条例」（2004 年）［国家宗教事務局政策法規司編 2010：3-9］。

27）中共中央、国務院「宗教工作をより良く成し遂げる上での若干の問題に関する通知」
（1991 年）［国家宗教事務局政策法規司編 2010：53-57］。

28）国務院「宗教活動場所管理条例」（1994 年）［中共中央文献研究室総合研究組・国
務院宗教事務局政策法規司編 1995：275-277］。

29）「中華人民共和国境内外国人宗教活動管理規定」（1994 年）［国家宗教事務局政策法
規司編 2010：38］。

30）「新疆ウイグル自治区宗教活動場所管理暫行規則」（1988 年）
国務院法制辦公室ウェブサイト
http://fgk.chinalaw.gov.cn/article/dfgz/198811/19881100293616.shtml
（2013 年 5 月 26 日閲覧）
「新疆ウイグル自治区宗教活動管理暫行規定」（1990 年）［新疆維吾爾自治区人民政
府法制辦公室編 1992：190-193］、「新疆ウイグル自治区宗教職業人員管理暫行規定」
（1990 年）［新疆維吾爾自治区人民政府法制辦公室編 1992：194-197］。

31）「新疆ウイグル自治区宗教事務条例」（2014 年）
新疆ウイグル自治区民族宗教局ウェブサイト
http://www.xjmzw.gov.cn/news/2cfg/flfg/5169.htm
（2017 年 1 月 28 日閲覧）

32）「中華人民共和国教育法」（1995 年）［中華人民共和国国務院辦公庁編 1995：373-
383］、「新疆ウイグル自治区未成年人保護条例」（2009 年）［新疆維吾爾自治区地方
誌編纂委員会編 2010：501-504］。

33）「我が国の社会主義期における宗教問題に関する基本的観点と基本政策」（関於我国
社会主義時期宗教問題的基本観点和基本政策）（1982 年）［国家宗教事務局政策法
規司編 2010：42-52］。

34）例えば、建国まもない 1953 年 7 月の第 4 次全国統戦工作会議において、次のような報告があった。「ある（筆者注　現地の）党員が土地改革のときに、『アッラー反対』（筆者注　アッラーはウイグル語ではホダー、xuda。原文では漢語で「胡大」と表記されている）、『迷信である宗教には反対』と宣伝したところ、それが却って現地の人の宗教心を高める結果を招いてしまった」。こうした事態が相次いだため、統一戦線工作部では「少数民族の宗教に備わる長期性、民族性、国際性を理解しないで、焦って（筆者注　宗教工作を）行うことは誤りである」と総括している（「過去何年かの党が少数民族の中で行った工作の主要な経験についてのまとめ」関於過去幾年党在少数民族中進行工作的主要経験総括）

「中共中央批発全国統戦工作会議関於過去幾年内党在少数民族中進行工作的主要経験総結」新華ウェブサイト

http://news.xinhuanet.com/ziliao/2004/-12/27/content_2384402.htm

（2013 年 5 月 30 日閲覧）

　また、1957 年から反右派闘争が始まって、宗教政策への風当たりが強くなった 1958 年 12 月に開催された第 11 回全国統戦工作会議においては「反右派闘争やその他宗教の搾取制度改革によって、宗教はまもなく死滅するのだから、あえて宗教の信仰自由政策を宣伝する必要はないのだ」という発言や、「宗教の五性」論に対して疑問を呈するような発言があった。これらの発言に対し、当時統一戦線工作部副部長の張執一は「宗教の信仰の自由政策は、宗教を信仰する信徒を保護するために必須であり、逆に保護することで団結を促し、信徒や宗教指導者を教育できる」と発言している

中国共産党新聞ウェブサイト「第十一次全国統戦工作会議概況」

http://cpc.people.com.cn/GB/64107/65708/65723/4456383.html

（2012 年 7 月 28 日閲覧）

35）前掲、「過去何年かの党が少数民族の中で行った工作の主要な経験についてのまとめ」（関於過去幾年党在少数民族中進行工作的主要経験総括）

「中共中央批発全国統戦工作会議関於過去幾年内党在少数民族中進行工作的主要経験総結」新華ウェブサイト

http://news.xinhuanet.com/ziliao/2004/-12/27/content_2384402.htm

（2013 年 5 月 30 日閲覧）

36）カシュガル地区の事例。在外ウイグルへの聞き取り調査による（調査時期 2011 年 9 月、調査地イスタンブル、調査対象者 60 代、男性）。

37）中国共産党中央委員会が「民族事務委員会党組の『当面のイスラム教、ラマ教に関する工作問題の報告』を批准転送」（中共中央批転「国家民委党組関於当前伊斯蘭教喇嘛教工作問題的報告」）（1958 年）［龔学増 2003：175］。なお、新疆ウイグル自治区では、この報告を受け 1959 年 4 月に新疆ウイグル自治区党委員会が「イスラム教、ラマ教の宗教制度改革に関する指示」を出している［賀萍 2010：58, 59］。

38）寧夏回族自治区には「政策アホン」と呼ばれるイマームがいるという［澤井 2002：39］。

39）［Idris Nurulla 訳・Junggo Islam Dini Jemiyiti 編 2009：442-449］をウイグル語よ

り和訳（要旨）。クルアーンの和訳に際しては、一部、中田考ほか［2014］『日亜対訳クルアーン』を参考にした。

40) 法令上、ザカートは禁止されているが、原文のまま記載した［Idris Nurulla 訳・Junggo Islam Dini Jemiyiti 編 2009：447］。

41)「民族工作と宗教工作を高度に重視せよ」（高度重視民族工作和宗教工作）（1993 年）［中共中央文献研究室総合研究組・国務院宗教事務局政策法規司編 1995：249-255］。

42)「1994 年大事記」中国伊斯蘭教協会ウェブサイト
http://www.chinaislam.net.cn/about/xhgk/dashiji/201208/17-2923.html
（2017 年 11 月 28 日閲覧）

43) 詳しくは、［喀什市史誌編纂委員会辦公室 2012：47］を参照されたい。

44) 金曜礼拝の様子は、2010 年 9 月に実施したカシュガル地区、および 2011 年、2014 年 8 月ウルムチ市、カシュガル地区、ホタン地区における現地調査による。

45) カシュガル地区の事例。在外ウイグルへの聞き取り調査による（調査時期 2011 年 9 月、調査地イスタンブル、調査対象者 50 代、男性）。

46) カシュガル地区の事例。在外ウイグルへの聞き取り調査による（調査時期 2011 年 9 月、調査地イスタンブル、調査対象者 30 代、男性）。

47) 英吉沙政府ウェブサイト
http://www.yjs.gov.cn/
（2012 年 8 月 24 日閲覧）

48) イェンギサル県が属するカシュガル地区のイマームの数については［任紅 2009：60］を参照されたい。ちなみにカシュガル地区のイマームは 1 万 1428 人と記録されている。イェンギサル県総人口については、［喀什地区党史地方誌辦公室編 2010：312］を参照されたい。総人口 25.99 万人のうち少数民族は 25.48 万人。民族別人口内訳は記載されていないが、『英吉沙志』によれば、1998 年現在、ウイグル 97.3％、漢族 2.3％、その他の民族 0.4％となっている［英吉沙県地方誌編纂委員会編 2003：203］。

49) 写真 4 を参照のこと。

50) 2009 年 7 月 5 日、新疆ウイグル自治区ウルムチ市で発生した騒乱事件。

51)「新疆ウイグル自治区民族団結教育条例」（2009 年）第 5 条［新疆維吾爾自治区人大常委会法制工作委員会編 2010：2］。

52)「新疆ウイグル自治区民族団結教育条例」（2009 年）第 17 条［新疆維吾爾自治区人大常委会法制工作委員会編 2010：6］。

53)「新疆ウイグル自治区民族団結教育条例」（2009 年）第 23 条［新疆維吾爾自治区人大常委会法制工作委員会編 2010：7-8］。

54) 政府に陳情、苦情処理を申し立て、処理をしてもらう条例。

55) トルファン地区のイマームの事例［吐魯番地区地方誌編纂委員会編輯室編 2011：46］ホタン地区のイマームの事例［和田年鑑編委会編 2011：97］。

56)「関於印発自治区拡大新型農村社会養老保険試点実施方案的通知」新疆維吾爾自治区人力資源和社会保障庁ウェブサイト

http://www.xjrs.gov.cn/show_files_2012.asp?articleid=3618
　（2013 年 2 月 13 日閲覧）
57）ウルムチ市内の事例。聞き取り調査による（調査時期 2011 年 8 月、調査地ウルム
　　チ、調査対象者 20 代、男性）。
58）「新疆ウイグル自治区宗教職業人員管理暫行規定」（1990 年）第 3 条［新疆維吾爾
　　自治区人民政府法制辦公室編 1992：194, 195］、第 4 条［新疆維吾爾自治区人民政
　　府法制辦公室編 1992：195］。
59）「新疆ウイグル自治区宗教職業人員管理暫行規定」（1990 年）第 3 条［新疆維吾爾
　　自治区人民政府法制辦公室編 1992：194, 195］。
60）「新疆ウイグル自治区宗教活動場所管理暫行規則」（1988 年）第 8 条
　　国務院法制辦公室ウェブサイト
　　http://fgk.chinalaw.gov.cn/article/dfgz/198811/19881100293616.shtml
　　（2013 年 5 月 26 日閲覧）
61）「新疆ウイグル自治区宗教活動管理暫行規定」（1990 年）第 11 条［新疆維吾爾自治
　　区人民政府法制辦公室編 1992：191］。
62）「新疆ウイグル自治区宗教事務条例」（2014）第 27 条
　　新疆ウイグル自治区人民政府ウェブサイト
　　http://www.xinjiang.gov.cn/xinjiang/fsljzcfg/201705/ae7fbb20c9864d78bdd37f100
　　6f21a66.shtml
　　（2021 年 2 月 28 日閲覧）
63）一般に新疆のモスクには、女性用の礼拝所は設置されていない。ただし、葬儀では
　　モスクに入ることがある。トルファン、カシュガル地区の事例。在外ウイグルへの
　　聞き取り調査による（調査時期 2012 年 12 月、調査地イスタンブル、調査対象者
　　40 代女性、および 70 代男性）。
64）全国婦聯十期二次執委会議・中国婦女網専題報道ウェブサイト
　　http://www.women.org.cn/zhuanti/shierjiezhiweihui/xj.htm
　　（2012 年 8 月 24 日閲覧）
　　こうした一連のキャンペーンは、本文ですでに触れた「新疆ウイグル自治区民族団
　　結教育条例」（2009 年）と連動していると考えられる。第 19 条は「婦女聯合会は、
　　女性に社会や家庭における役割を発揮させ、女性とその家族の民族団結教育を遂行
　　する」と規定している［新疆維吾爾自治区人大常委会法制工作委員会編 2010：
　　6-7］。
65）詳しくは［喀什地区党史地方誌辦公室編 2010：83］を参照。
66）「薩罕郷召開『布維』培訓大会」英吉沙政府ウェブサイト
　　http://www.yjs.gov.cn/Article/ShowArticle.asp?ArticleID=6408
　　（2012 年 8 月 30 日閲覧）
67）「喀什市挙辦『女布維』培訓班」喀什市人民政府ウェブサイト
　　http://www.xjks.gov.cn/Item/19052.aspx
　　（2012 年 8 月 30 日閲覧）
68）ホタン地区の事例については［和田年鑑編纂委員会編 2011：149］、トルファン地区

の事例については［吐魯番地区地方誌編纂委員会編輯室編 2011：86］を参照され
たい。

69）「市婦聯啓動『靚麗工程』儀式在広場挙行文芸演出活動」喀什市人民政府ウェブサ
イト
http://www.xjks.gov.cn/Item/18977.aspx
（2013 年 5 月 29 日閲覧）
および［喀什地区党史地方誌辦公室編 2010：83］。

70）「拝城県採取『五項』措施用現代文化引領農村婦女崇尚健康文明生活新風尚」
阿克蘇地区深入開展創先争優活動専欄ウェブサイト
http://zt.aks.gov.cn/cxzy/page.asp?id=2405
（2013 年 8 月 19 日閲覧）

71）2017 年には「新疆ウイグル自治区（筆者注　宗教の）極端化を取り去る条例」が
発布され、第 33 条において婦女聯合が宗教に極端な女性への教育を徹底的に行う
ことが規定されることとなった。
「新疆ウイグル自治区（筆者注 宗教の）極端化を取り去る条例」
新疆ウイグル自治区人民政府ウェブサイト
http://www.xinjiang.gov.cn/2017/03/30/128831.html
（2017 年 11 月 22 日閲覧）

72）いずれもホタン市近郊の事例。在外ウイグルへの聞き取り調査による（調査時期
2011 年 9 月、調査地イスタンブール、調査対象者 30 代、女性）。インフォーマルな
宗教教育が困難であることは、王・新免［2005］においても指摘されている［王・
新免 2005：147］。

73）「新疆ウイグル自治区宗教事務管理条例」（2014 年）37 条
新疆ウイグル自治区人民政府ウェブサイト
http://www.xinjiang.gov.cn/xinjiang/fsljzcfg/201705/ae7fbb20c9864d78bdd37f100
6f21a66.shtml
（2021 年 2 月 28 日閲覧）

74）「英吉沙県教育系統五措併挙做好暑暇期間安全穏定」英吉沙政府ウェブサイト
http://www.yjs.gov.cn/Article/ShowArticle.asp?ArticleID=6781
（2012 年 8 月 15 日閲覧）

75）「吐魯番市文化路社区挙辦制止非法宗教宣伝教育『大講堂』」、火州先鋒（吐魯番市
党建）ウェブサイト
http://www.turpandj.gov.cn/E_ReadNews.asp?NewsId=6098
（2013 年 8 月 19 日閲覧）

76）新疆維吾爾自治区転変作風服務群衆領導小組辦公室
「転変作風　服務群衆宣講資料」第 14 期（2012 年 5 月 14 日）新疆法制報社、「関
於『非法宗教活動』進行集中排査整治的工作按排」、克拉瑪依第十三中学ウェブサ
イト
http://13z.klmyedu.cn/
（2013 年 8 月 19 日閲覧）

77）「中華人民共和国憲法」第 36 条。
　　「国務院公報」中華人民共和国中央人民政府ウェブサイト
　　http://www.gov.cn/gongbao/content/2004/content_62714.htm
　　（2013 年 5 月 30 日閲覧）
78）「中華人民共和国民族区域自治法」（2001）第 11 条、［中華人民共和国国務院辨公庁編 2001：12］。
79）「宗教事務条例」（2004 年）第 3 条［国家宗教事務局政策法規司編 2010：3］。
80）「中華人民共和国教育法」（1995 年）第 8 条［中華人民共和国国務院辨公庁編 1995：374］。
81）「新疆ウイグル自治区宗教活動管理暫行規定」（1990 年）第 7 条［新疆維吾爾自治区人民政府法制辨公室編 1992：191］。
82）「中華人民共和国憲法」（2004）第 36 条
　　「国務院公報」中華人民共和国中央人民政府ウェブサイト
　　http://www.gov.cn/gongbao/content/2004/content_62714.htm
　　（2013 年 5 月 30 日閲覧）
83）「宗教事務条例」（2004 年）第 2 条［国家宗教事務局政策法規司編 2010：3］。
84）「新疆ウイグル自治区宗教活動管理暫行規定」（1990 年）第 2 条［新疆維吾爾自治区人民政府法制辨公室編 1992：190］。
85）「中華人民共和国教育法」（1995）第 8 条［中華人民共和国国務院辨公庁編 1995：374］。
86）「新疆ウイグル自治区宗教活動管理暫行規定」（1990 年）第 12 条［新疆維吾爾自治区人民政府法制辨公室編 1992：192］。
87）「中華人民共和国未成年人保護法」（2006 年）第 3 条［中華人民共和国国務院辨公庁編 2007：5］。
88）「新疆ウイグル自治区未成年人保護条例」（2009 年）第 34 条［新疆維吾爾自治区地方誌編纂委員会編 2010：503］。
89）アトシュ市の事例。現地ウイグルへの聞き取り調査による（調査時期 2011 年 8 月、調査地アトシュ市、調査対象者 30 代、男性）。

第3章
サラフィーのウイグル

はじめに

　これまで明らかにしてきたように、新疆ではイスラム復興がみられつつも厳格な宗教統制が敷かれている。本章では、まず新疆からトルコに亡命したサラフィーのウメル氏に焦点を当て、故郷・新疆でどのような経験をし、何を考えて来たのかについて、聞き取り調査をもとに明らかにする[1]。サラフィーとはイスラムの教義を純粋な形に戻すこと、クルアーンとスンナ（預言者ムハンマドの慣行）に忠実であること、後世の解釈の権威を否定すること、ウンマの統一を維持することを強調する厳格なスンニ派イスラム教徒のことをいう[2]。次に、多くのサラフィーに亡命を決意させた2009年7月5日のウルムチ事件（以下、7・5ウルムチ事件）についても取り上げ、これに遭遇したメフメット氏への聞き取り調査[3]をもとにその実態を検討する。7・5ウルムチ事件は、トルコへ亡命するウイグルが急増するきっかけとなった事件であった[4]。公式の人数は明らかにされていないが、7・5ウルムチ事件以降、新疆から離散しトルコへ亡命したウイグルの数はサラフィーを中心に、1万5千人から2万人にのぼるともいわれている[5]。こうしたウイグルの大半は、本章で取り上げるウメル氏のようにパスポートを所持せず、東南アジアを経由してトルコに亡命している。最後にその離散と亡命の経験を明らかにしよう。

1. なぜサラフィーになり、ディアスポラになったのか

　ウメル氏は、2004年にカシュガル地区で中学を卒業し、その後、父親と一緒に服飾関係の商売をする商人になった。商売のかたわら、たびたび地下の宗教的な勉強会（以下、勉強会）に参加していたという。勉強会は、独自

の宗教的な資料を用いてクルアーンやハディースの内容を、自分に照らし合わせてどのように解釈するのかといった談話方式のものであった。独自の宗教的な資料は、PDF 形式で保存して仲間同士で分散して保管していたという。また、この勉強会は、ある特定の宗教的人物に従って進める方式ではなく、イスラムに興味を持ったものが自主的に参加する方式であった。それは、武力闘争もいとわない、武闘派の勉強会というよりもむしろ、商売の公正に関することや母親にはどのように対応しなければならないかといった一般的な内容のものであった。また、「過激」な内容に及ぶにしても「かつての東トルキスタンイスラム共和国が復活してくれればいいのに」といった程度のものであり、そのために具体的にどう戦うかといったことにまでエスカレートするものではなかった。この勉強会のもうひとつの特徴は、酒を飲んだり、たばこを吸ったり、賭け事などをしている筋の悪い人や、さまざまな悩みを抱えている人々を誘っていたことである。勉強会の参加者たちは、そのような人たちをイスラム的な正しい道に導かなければならないという使命感に燃えていた。そして、勉強会を通じて同じイスラム的価値観を持つ仲間を増やそうとしていた。こうした勉強会は、主に 90 年代に生まれた 20 代の若者中心に行われていたようである。

　ウメル氏は勉強会を通じて、自分もムスリムとして模範的な人物にならなければならないという気持ちを高めていた。こうした勉強会は主に個人の家で開かれており、いつ警察に踏み込まれるかもしれないという不安や、当局に盗聴されているかもしれないという恐怖を伴いながら秘密裏に行われていたという。

　勉強会を開くときの連絡は、仲間同士で口伝えに「明日、○○さんのお宅で『結婚式』があるんだって」とか、「今度の日曜日△△さんのお宅で『誕生日会』があるらしいよ」といった日にちと誰の家で行うかを暗に示す情報によって行われていた。そして勉強会の場（家）では、盗聴や情報の流出を防ぎ、メンバーへの信義を示すために、携帯電話の電源をオフにして、床の上に置いていたという[6]。こうした仲間との勉強会が行われていた場の外では、政府からの信仰に対する圧力が強くなっていた。

　例えば、住民組織である居民委員会によって、住民が集められて、家で集

団礼拝をしていないか、断食をしていないか、過激な宗教活動に参加していないかとチェックが入るようになった。ウメル氏はもっと宗教的な知識を得たいと切望していたが、現実には、宗教的ないとなみから遠ざかるように誘導され、家の中のことまでとやかく言われることに辟易していた。

　こうした宗教的な規制は妹にもおよんでいた。妹がたった10mほど離れた場所にゴミを捨てに行った時に、警察に注意されたが、それは普通のスカーフ[7]を使って目だけ露出したニカーブ風の格好をしていたからであった。ウメル氏の妹は、警察に「歯が痛くて顔が腫れてしまったから、このような恰好をしているのだ」と言ったが、警察は妹を容赦しなかった。第2章で明らかにしたように、婦女聯合会が女性に対し服装規定を定めているが、取り締まりは警察も行っているようである。ウメル氏の証言によると、妹が目だけを露出する恰好をしていたかどで、ウメル氏自身が警察に赴き2000元もの罰金を払ったという。しかし、ウメル氏にしてみれば、妹はムスリムの女性として貞淑を示す格好をしていただけなのに、どうして警察に罰金を払わなければならないのか、警察もまた同じムスリムのウイグルなのに、どうしてこのようなことで咎められなければいけないのかと腑に落ちなかった。

　さらに、ウメル氏は宗教的な生活だけではなく、少数民族であるウイグルとして生きることにも困難を感じるようになった。2008年前後に仕入れのため、広州に赴いた時のことである。広州のウイグル食堂で、5、6人のウイグルの商人仲間とウイグル語で世間話をしていたら、突然警察に呼ばれた。訳も分からないまま、ウメル氏も含めてその場にいた全員が警察に連行されたのである。警察では、連行された全員が事情聴取を受け、携帯電話の中身をチェックされた。そのうちの1人が、「アッラー」の文字が入ったイスラム的な画像を携帯電話の待ち受け画面にしていたことが警察に見つかった。警察は即座に、「この携帯の持ち主は宗教的に過激な思想を持っている」と言いがかりをつけてきた。ウイグル商人たちは、警察は漢族であったことからイスラムのことは分からないと思い、この待ち受け画面は、単に「神様」と書いているだけで、お守りのようなものであると、全員で警察を説得しようと努めた。しかし、警察は、「おまえらがどう言おうとも、私は、お

まえらをどうにでも処理できるのだぞ。刑務所にブチ込むことだってできるのだぞ」と威嚇するばかりで、ウメル氏らはテロリストであると決めつけられてしまった。みんなで必死になって警察を説得しようとしたことが、逆効果を生んでしまったのである。結果、1人ずつ、四方から写真を撮られるといった不当な扱いを受けた。最終的には証拠不十分で釈放はされたものの、不当な扱いに対する不快感はぬぐえなかった。ウメル氏らは警察に記録が残されたことで、今後はより生きにくくなるだろうと我が身を案じるようになった。ちょうど、この頃から、国外（トルコ）に脱出することを考えるようになったという。

　また、このようなこともあった。仕入れのためにウルムチから広州に向かう汽車に乗っていた時のことである。車内の警察は、ウイグルを見つけると何の目的でその駅まで行くのか、そこで、誰と会うのか、何日滞在するのかといった容赦ない身辺情報の尋問を行うようになった。それからは、ウメル氏は警察の煩わしい尋問を避けるために、途中の駅でわざわざ乗り換えをして路線を変えて、仕入先に行くことを余儀なくされたという。漢族が集中して暮らす地域では、外見がウイグルであるというだけで異質な存在としてみられるため、大変肩身の狭い思いをしていたようである。

　このようにウメル氏の生活圏が狭められていくなかで、「国」を離れる決定打となったのは、次のようなことであった。広東省の仕入先でウイグル商人仲間と夜道を歩いていた時のことである。突然、漢族にウメル氏とウイグル商人仲間全員が罵声とともにこん棒で襲われたのである。ウメル氏らは、丸腰であったために、素手で身を守るしかなかったが、頭や鼻からの流血が激しく、全身打撲の被害に遭った。突然の暴行に恐怖を覚え、近隣の警察に助けを求めて駆け込んだ。

　しかし、警察はウメル氏らを保護してくれなかったのである。惨状に同情することもなく、事情聴取をすることもなかった。ましてや病院を案内してくれることもなく、軽くあしらわれたのであった。その時にウメル氏はこのように悟ったという。

　「結局のところ、私は、中国の国民[8]とみなされていないのだ。法律によって保護されない人種に属しているのだ」

　これまで、ウメル氏は、ムスリムとして、清く正しく生きようと身を律し、商人として懸命に働いて来たが、自分が何の悪行を働いたのかという思いが次第に大きくなっていったという。

　こうしたウメル氏の不遇とちょうど同じ時期にあの事件が勃発した。2009年7月5日に勃発したウルムチ事件であった。ウメル氏は、7・5ウルムチ事件の時は、ちょうど故郷のカシュガル地区に帰っていたので、7・5ウルムチ事件を直接目にしていない。しかし、自分のこれまでの境遇や、漏れ伝わる7・5ウルムチ事件の壮絶な状況に思いをめぐらし、もはやムスリムとして生きていくこともできず、中国人として生きることもできないことを悟った。「ここ」（中国）を離れてムスリムとして生きる道を歩もうと覚悟を決めたのであった。

2.　7・5ウルムチ事件とは何だったのか

　7・5ウルムチ事件とは、2009年7月5日に新疆最大の都市ウルムチ市において発生した事件のことをいう。事件に先立つ2009年6月に広東省の玩具工場で働いていたウイグルが漢族に襲撃され多数殺傷された。同工場の従業員寮において、漢族の女性がウイグル男性に強姦されたというデマが発端となって発生した襲撃であった。これに対する中国当局の刑事処分が曖昧であったことに対してウイグルの反発が高まったことが、同事件の引き金であったとされている。中国当局は死者197名、負傷者1700余名に上る犠牲者が出たと発表している[9]。しかし、世界ウイグル会議が行った調査によれば、死者800〜1000人、負傷者約2000〜3000人に上るという証言[10]があり、それぞれの見解は大きく異なっている。

　同事件が発生した7月5日、ウルムチ市内のウイグル学生がウルムチ市内の人民広場で中国当局への抗議デモを始めた。デモを鎮圧しようとした治安部隊とおよそ300余名の学生らが衝突し、衝突が過激化して拡大した。7月10日の金曜礼拝は中止され、モスク周辺を武装警察が取り囲み、人を近づけさせなかった。

　中国当局は、7・5ウルムチ事件を国内外の「3つの勢力」（民族分裂主義

者、宗教的過激派、テロリスト、「三股勢力」）が意図的に扇動したことによるものであるとしている[11]。しかし事件の背景には、これまでの中国当局によるウイグルへの厳格な宗教統制、漢語教育への偏重などによる民族的権利を欠いた政策、漢族の大量流入、漢族とウイグルの待遇の格差、経済格差などへの不満があるといわれている［宇野 2009：47］。

国際的な人権団体ヒューマンライツウォッチによると、7・5ウルムチ事件の最中、多くは 20 歳代であったが、12 歳、14 歳を含むウイグル男性らが、「強制失踪」させられたという[12]。トルコ在住のウイグル研究者エリキン・エメット（Erkin Emet）によると、路上でウイグルと漢族（Çinli）が喧嘩となった場合は、たとえ漢族の方に非があったとしても、警察はウイグルのみを連行したという［Emet2009：168］。それぞれ事件のなかで遭遇した状況は異なるが、実際のところどのような様子だったのだろうか。筆者がトルコで聞き取り調査をするなかで、実際に 7・5 ウルムチ事件に遭遇し、当局に連行されたウイグルがいた。メフメット氏である。それでは、メフメット氏の証言を聞くことにしよう。

メフメット氏は、2009 年 7 月 5 日、ウルムチ市内の人民広場で事件に遭遇した。すでに武装警察によってウイグルへの武力行使が激化している最中であった。多くのウイグルは負傷し、大量に流血していたという。武器を持たないウイグルはレンガを使って反撃をしていた。メフメット氏とその他の人は、負傷者を助けようと、リヤカーに乗せて病院につれていった。しかし、どの病院に行っても断られた。「政府からのお達しでウイグルの患者は治療してはいけない」と告げられたのである[13]。ウイグルが殴打され脳が露出していることもあったが、病院に懇願したにもかかわらず治療が受けられなかったという別のウイグルの証言もある。さすがにこの時は、漢族も一緒になってこのウイグルを治療するように懇願したが、病院には聞き入れられなかったという[14]。結局、一般人によって負傷者の応急手当が行われるような状況だったという。

そうした状況のなかで、メフメット氏は、ある外国メディアのインタビューを受けた。外国メディアに対し「この状況は一体何なのだ！　どこに法律があるのか！」とウイグルの窮状を訴えた。しかし、それがアダとな

り、この発言から5日後にメフメット氏は当局に連行されてしまった[15]。

　当局に拘束された時の虐待は、今でも忘れられないという。建物に入るや否や、両手を挙げて縛られ、5日間、ほとんど飲まず食わずで過ごさなければならなかった。糞尿も垂れ流しのままだったという。そこで拷問を受けていた者は、全てウイグルの男性だった。そして何よりも耐えられなかったのは、向かいの部屋で、まだ小学生くらいの男女の子供が裸でずっと立たされていたところを目にしたことだという。子供に対してもその容赦ない仕打ちをしていることと、そこにいる子供がウイグルの子供のみだったという状況に怒りがこみ上げた。メフメット氏は、このような子供の様子を見せられたことも拷問のひとつだと考えている。

　そして、メフメット氏にはさらに過酷な拷問が課された。それは、地下室のなかに設置されたプールのような場所で行われた虐待だった。灯りひとつない部屋で、両手を縛られて水の入ったプールに入れられた。プールの底は泥が沈殿しており、膝下まで泥に浸かるようになっており、胸まで水がはってあった。そして、天井は低く設計されており、首をまっすぐに伸ばすことはできず、ずっと肩をすくめた状態で長時間過ごすことを強いられた。

　このような過酷な拷問のなかで、メフメット氏は、自分と向き合う時間が形成されたという。メフメット氏は商売をしていたことから、商売を通じて漢族ともそれなりに交流し、親しく過ごして来ており、漢族の友人もいた。漢族を新疆に同じく住む隣人として受け入れようとしてきた。

　しかし、自分が置かれている現状をみれば、拷問を受けているのはウイグルのみであり、結局のところ法の下の平等など存在しないと実感したという。自分が漢族を受け入れようが受け入れまいが、ウイグルであるということは、この国ではマイナスにしか作用しない。「どこに法律があるのか」というたったそれだけの発言によって、ここまで自分にひどい仕打ちをする当局のやり方に怒り、その怒りで気が狂いそうになったという。

　また、残された自分の子供のことにも思いをめぐらした。その子供も小学生の時に服役させられた経験があった。メフメット氏が子供を私的なクルアーン教室に通わせたことが当局に発覚したことが理由であった。クルアーンの先生は、18年の刑に処されてしまった[16]。

　過酷な虐待が行われるなかで、メフメット氏はこのような様々なことに思いをめぐらせた。そして最終的には「この過酷な状況に至っては、もはやアッラーのご慈悲にすがるのみ」という心境にたどりついたという。そして、残された子供のために、まずは自分が出国をして、子供を守る環境を整えるしかないという思いに至った。

　このようなメフメット氏の経験は、もちろん一例にすぎない。しかし、7・5ウルムチ事件が、新疆に住むウイグルに大きな影響を与えたことは想像に難くない。

3.　ウイグルに同情を寄せるトルコ

　7・5ウルムチ事件に対して、最も強い懸念を表明した国はトルコであった。

　レジェップ・タイイップ・エルドアン首相（当時）（Recep Tayyip Erdoğan、以下エルドアン首相）は、「まるでジェノサイドのようだ」と発言[17]し、国内外で大きな関心を呼び起こした。国内メディアは7・5ウルムチ事件を連日トップニュースの扱いで大きく報道した。イスタンブルにあるファーティフモスク（Fatih camii）[18]をはじめ各地のモスクで、7・5ウルムチ事件の犠牲者のための追悼礼拝が行われた（写真1）。2009年7月10日の金曜礼拝の日であった。同日、ウルムチ市内では、7・5ウルムチ事件の混乱を受けて金曜礼拝は中止されていた。

　筆者は、ファーティフモスクで行われたこの追悼礼拝を観察した。大勢のウイグルやトルコ人が礼拝に参加し、モスク内に入りきれないほどであった。そして、無数のトルコの国旗や東トルキスタンの旗が翻っていた。やがて、そうしたトルコの状況は新疆のウイグルにも広く知れ渡り、トルコへの憧憬の念が高まっていった。

　また、エルドアン首相が7・5ウルムチ事件のあとで新疆を訪問したこともウイグルに強い印象を与えた。訪中した時、エルドアン首相は、まず新疆から訪問をスタートさせた。トルコの首相が新疆を訪れたのは、これが初めてのことだった[19]（2012年4月）。さらにエルドアン首相が新疆のウルムチの

写真1　ミッリー紙（2009 年 7 月 11 日発行）
紙面下部には、ファーティフモスクで行われ
た追悼礼拝の様子が記されている（筆者撮影）

モスクで合同礼拝に参加したことも、新疆のウイグルの心をつかんだ。筆者
の聞き取り調査によると、ウルムチにエルドアン首相が来訪した時、エルド
アン首相の姿を一目見ようと沿道に人があふれかえっていたという。そし
て、中には歓喜し涙を流すものもいたという[20]。

　そして、トルコは宗教的アピールも忘れなかった。2013 年 9 月、トルコ
政府は、初めて宗務庁長官（メフメット・ギョルメズ、Mehmet Görmez）を新
疆に派遣し、トルコとウイグルのムスリム兄弟としての連帯を強く印象付け
た[21]。また、2015 年 7 月、宗務庁長官（同）は、中国政府が新疆においてラ
マダン中の断食を妨害しているとして、中国政府の厳しい宗教統制を非難し
た[22]。そうしたトルコ政府の新疆に対する態度は、7・5 ウルムチ事件を経
験し、閉塞感に包まれたウイグルの気持ちを代弁するかのようであった。

　これらのトルコ政府の対応は、イスラム主義系政党である公正発展党の政
権下だからこそ実現した大胆なものであった。新疆のウイグルのなかでは、
テュルク系民族であるという信頼とムスリムであるというイスラム的価値観
の合致がトルコの存在感をさらに高めたのである。

　実際に、新疆のウイグルのあいだでは、トルコの連続ドラマや映画が大流

行した。映像を通して実際のトルコの生活を目にすることになったのである。そして、新疆では、トルコ用品専売店が人気を博するようになる（写真2‐1、2、写真3）。

　そのようなトルコに対する熱狂ぶりは、中国の研究者のあいだで研究対象

写真2‐1　ウルムチ市内、トルコ大手食品メーカー（ユルケール ÜLKER）専売店の外観（2010年8月、筆者撮影）

写真2‐2　ウルムチ市内、トルコ大手食品メーカー（ユルケール ÜLKER）専売店の内部（2010年8月、筆者撮影）

写真 3　ウルムチ市内のトルコ衣料品店（2011 年 8 月、筆者撮影）

になるほどであった。中国の研究者は、DVD などを通じてトルコのドラマ
が視聴され、ウイグル女性はトルコの女性の服装を模倣し、イスラムの祭日
には、経済的に余裕のあるウイグルは、トルコの果物や菓子類で客をもてな
すなど、トルコ風が一種のステータスになっていることを明らかにしている
［韓・劉 2015：85, 86］。トルコ輸入食品店が新疆各地で開かれ、トルコの食
品広告によってトルコが宣伝され、ハラール食品であることから、トルコ食
品が浸透しているという。さらには、トルコのドラマのなかで交わされるム
スリムの挨拶も流行語となっていることを指摘している。筆者が新疆で聞き
取り調査をしたウイグルは、トルコ語を流暢に話すことができたが、それは
トルコの映画や連続ドラマを DVD で視聴して自然に覚えたものだと証言し
ていた[23]。こうした状況のなか、7・5 ウルムチ事件以降の閉塞感に包まれ
た現状から逃れるためにトルコに向かうことを考える者が発生することは、
想像に難くない。トルコについては、宗教的に発展している、友好的である
という評価が高まっていた［徐・張 2014：34］。民族的にも宗教的にも近く、
ムスリムとしてウイグルとして尊重され生きていくことができるのであれ
ば、ウイグルがトルコに向かうのは当然のことである。

4. 信仰に命をかけた亡命

　前述のウメル氏は、2013年に新疆を出発し、雲南省、東南アジア（ラオス・タイ・マレーシア）を経由して、空路でトルコに入国している。多くのウイグルもまた、同様のルートを経てトルコにたどり着いている。その道中は、パスポートを所持しないままの密航業者の「国際ネットワーク」を頼りながらの壮絶な移動であった。トルコに至る約2万キロの移動はどのようなものだったのだろう。ウメル氏の証言にもとづいてみてみよう。

(1) 二度と戻れない故郷、新疆からの離散

　前述のとおり、もはやムスリムとして生きることにも、中国人として生きることにも絶望感を抱いていたウメル氏は、ウイグルの友人を通じて、マレーシアからトルコに密航できる情報をつかんだ。故郷（国）を離れることにもう迷いはなかった。

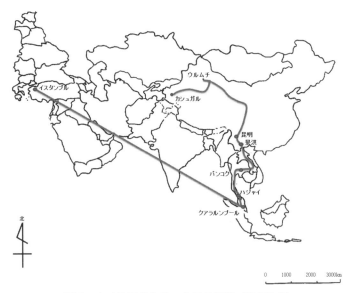

図1　ウメル氏のトルコまでの経路（筆者作成）

新疆に暮らす両親に故郷を去ることを告げると、父親は無言のまま何も言わなかった。むしろ、母親の方が「行きなさい！　私たちを忘れるんじゃないよ！」と涙ながらにウメル氏の背中を押した。そして、両親は5万ドルの現金を用意しウメル氏に持たせたという。

　まず、新疆のカシュガルを出発し、ウルムチを経て、鉄道で雲南省の省都・昆明に入った。しかし、昆明では1ヵ月滞在したが、密航に関する情報は何も得られないでいた。そうした中、ウイグルの知り合いから、ミャンマー、ラオスの国境に隣接している景洪（雲南省西双版納泰族自治区景洪市）に行けば、密航に関する情報が得られると聞き、景洪に向かった。景洪に着いて、2～3日滞在しているとさっそく色々な漢族の密航業者が声を掛けて来た。ラオスに出国し、タイに連れて行ってやるという。密航業者によると手配料の相場は、1人3万ドルだった。

(2)　中国との決別、そしてムスリムとしての再出発

　密航を決行したのは、夜中の11時だった。現地で調達した服を着て、頭は草で編んだ三角の帽子をかぶった格好で現地人と変わらないように「変装」をしていた。トラクターに「旅の仲間」と一緒に乗せられて、国境まで連れていかれた。密航業者が、国境警備隊の1人に、密航者1人当たり6000元を払うと、密出国の場所を教えてくれたという。密出国のゲート近くのジャングルで待機し、夜明けとともに、そのゲートを通過した。ゲートといっても、正式なゲートではなく、草を編んで作った長く続くトンネルをただひたすら、半身になってくぐったのである。普段、このトンネルは麻薬、武器の密売ルートとして使われていることを後から聞かされたという。

　その草で編んだトンネルを抜けると、川の向こうにラオスがみえた。密航業者のアドバイスどおり、木陰に入って国境警備隊が見えなくなった隙をついて、川を渡りラオスに入国した。

　川のほとりの一帯は、大きなバナナの果樹園であった。携帯で連絡をとると中華系ラオス人の密航業者が迎えに来た。そこで、その密航業者にいわれるまま、中国のIDカード（身分証）、中国の携帯電話のSIMカードを焼き捨てた。同時に、ウメル氏は、かぶっていた草で編んだ帽子も、その帽子を

かぶっている恰好がたまらなく恥ずかしかったので、一緒に焼き捨てたという。これで、完全に中国と「おさらば」できたという思いでいっぱいだった。

(3) 先の見えない道のり

　しかし、まだトルコまでの道のりは長かった。ラオスの国内を通過し、タイへ渡る国境の河に着いた。ラオスからタイへの国境越えである。夜のとばりが下りた頃、タイの対岸からライトが見えた。それが、渡河可能の合図であった。1人1000ドルのボート代を払って、わずか8mの河を渡り、晴れてタイに入国した。

　今度は中華系タイ人の密航業者が大型バスを用意して迎えに来てくれていた。タイ国境からバンコク市内までの交通料1500ドルを払った。これで、バスに乗って旅行者気分でバンコクに行けると思いきや、このバスにはとんだ仕掛けがしてあった。バスの運転手が、なぜかバスの中のトイレに行けという。トイレに行くと裏側に隠し部屋が作られており、そこは密航するウイグルで既にすし詰め状態だった。全部でウイグルは27人いたという[24]。そこに、ウメル氏も加わり、すし詰め状態のなか、バンコクまで17時間走り続けたという。

　その間、暗く狭い隠し部屋のなかでどこを走っているのかも分からず、方向も定まらないまま心のなかで礼拝をしたという。すし詰め状態の苦労の甲斐もあって3、4カ所の検問を無事通過し、バンコクに入った。

　バンコクに入るとその隠し部屋から解放されて、客席の空いているところに座ることができた。客席からその広く整備された道路と高層ビルをみてやっとバンコクに着いたと確信することができたという。

　バンコクでは、約半月滞在した。ムスリム専用のホテルが準備され、そこはトルコへと向かうウイグルでいっぱいだったようである。滞在中に、私服警官にパスポートはどこにあるのかと尋問され、「トルコの大使館にある」と言ってその場を何とか切り抜けた経験をしている。ここでタイの警察に捕まってしまったら、一巻の終わりである。ウイグルが経営している貸し部屋があることを知り、そこに身を寄せることにした。また、タイで密航業者と

の関係は切れたため、あとは自力で行動するしかなかった。

(4) あっけない国境越えマレーシアへ

　まず、長距離バスでバンコクからタイ南部のハジャイ[25]に行った。マレーシアとの国境の街で、ムスリムが多く居住する街である。そこで、新たに密航業者を探すことになった。そこもウイグルが多く滞在しており、滞在3日目で密航業者は見つけることができたという。今度の国境越えは、イミグレーションを通っての「正式な」国境越えであった。手配された車は後部座席の背もたれが開くようになっていて、そこに人が隠れる仕掛けになっていたという。そして、平然とマレーシア人がその後部座席に座ってカモフラージュしていた。マレーシアのイミグレーションを通過した瞬間、後部座席に座っていたマレーシア人の「OK」という声とともに、ウメル氏が隠れていた後部座席が開かれた。ウメル氏の目の前に広がるそこは、ムスリムの国マレーシアだった。これで、やっとムスリムとして、堂々と生きることができると安堵したという。

(5) ムスリムの国で受けた屈辱と一筋の希望

　マレーシアに入国し、トルコは目前に迫っていた。しかし、安堵も束の間、ウメル氏は、マレーシアに入国しクアラルンプールに着いたものの、刑務所に収監されてしまう。その経緯は次のようであった。マレーシアに滞在して4カ月たった頃、1000ドルを払い、トルコの偽造パスポートを入手した。それは、自分の写真を用いたパスポートに加工してあり、併せてトルコのIDカードも用意されていたという。ところがマレーシアからトルコに空路で出国しようとした際、それが偽造パスポートであることがバレてしまったのである。パスポートの番号が他人と重複していたことと、マレーシアの入国の記録がなかったことがその理由であった。そして、マレーシア当局がトルコ大使館に確認したところ、このパスポートの本当の持ち主はすでに死亡していたことが判明した。

　こうした事情から、プトラジャヤの警察に逮捕された。そして、15日間地下の牢獄に拘留され、裁判にかけられ、刑務所に9カ月間収監された。刑

務所では、臀部をムチで叩くムチ打ち刑が何ともつらかったという。また衛生状態の悪さから、刑務所内は皮膚炎や大腸炎などの伝染病が蔓延し、皮膚のただれと痒み、下痢に襲われた。しかし、適切な治療や薬はなかったという。

　刑務所は劣悪な環境であったが、ウメル氏にとって、忘れられないことがあるという。それは、今、ウメル氏が話す流暢なトルコ語を刑務所で修得したことだった。トルコ語の先生は、同じ刑務所に収監され廊下を隔てた真正面の部屋にいるウズベクだった。そのウズベクは、麻薬の取引で収監され死刑執行を待つ身であったという。ウズベクの顔を見ることはできなかったので、声だけ知っている仲だった。お互いに同じテュルク語系であるウイグル語とウズベク語で話をしていたが、そのウズベクがトルコ語を知っていたため、ウメル氏に廊下越しにトルコ語を教えてくれたという。

　死刑を待つ身であるウズベクにトルコ語を教えてもらっている時も、ウメル氏は、果たして刑務所から出所できた後に、自分は本当にトルコに行けるのか、それとも中国に返されるのかと不安であった。ウズベクから一心不乱になってトルコ語を学ぶことで、そうした不安をトルコに行く望みに変えた。

(6) 安住の地トルコへ

　過酷な刑務所生活であったが、外部への電話は許されていた。3分10ドルという高額な電話料金であったようである。マレーシアで知り合ったウイグルに自分の窮状を訴えていた時に、そのウイグルから「どうやら、マレーシアでトルコ国籍を持つウイグルがマレーシアにいるウイグルのために人道支援をしているらしい」という情報を得た。

　そのウイグルとは、後述のアフメット氏であった。その出会いが、ウメル氏にとってトルコへ行く転機となった。ウメル氏は、マレーシアにいるアフメット氏に電話をして、自分が刑務所に収監されている窮状を訴えた。そうして、刑務所に収監されて9カ月後、刑期を終えて出所することができた。その後、アフメット氏を通して、トルコに向けてマレーシアを出国[26]できたのである。

注

1) ウメル氏への聞き取り調査は、トルコ・イスタンブルにおいて 2017 年 8 月、9 月
に行った。ウメル氏は、カシュガル地区出身の 20 代、男性である。

2) The Oxford Dictionary of Islam p.274

3) メフメット氏への聞き取り調査は、トルコ・イスタンブルにおいて 2017 年 9 月に
行った。メフメット氏は、新疆北部出身の 40 代の男性である。

4) トルコへのウイグル亡命者が増加していることについては、水谷［2015］によって
も指摘されている［水谷 2015：368-369］。

5) 世界抑圧者と難民協会のアフメット氏への聞き取り調査による。

6) ウイグルは、日本のように床の上に座る習慣があるため、このような表現になって
いる。

7) ウメル氏の証言によれば、ウメル氏の妹が使用したスカーフは、黒一色ではない、
色・模様つきのものであった。

8) 中国では国民のことを公民と称するが、本書では国民と表現する。

9) 7 月 17 日現在の犠牲者数［新疆維吾爾自治区地方誌編纂委員会編 2010：15］。許建
英（2009）は、7 月 15 日現在の集計として、死亡者 192 人、重軽傷者 1721 人のほ
か、家屋損壊 633 軒、店舗損壊 291 軒、家屋焼失 29 軒、車両破損 627 台という被
害状況を報告している［許 2009：29］。

10) 世界ウイグル会議
「証言者たちが語る『7.5 ウルムチ大虐殺事件』の真相（その 1）」
http://www.uyghurcongress.org/jp/?p=1122
（2017 年 11 月 20 日閲覧）

11) 中国中央人民政府
「『7·5』事件已造成 197 人死亡　新疆整体形勢正転好」
http://www.gov.cn/zmyw200907c/content_1369230.htm
（2017 年 11 月 20 日閲覧）

12) 詳しくは
Human Rights Watch "We Are Afraid to Even Loof for Them": Enforced
Dissapearances in the Wake of Xinjiang's Protests を参照されたい。

13) 正式にどういった通知があったのか、公的文書によって確認することはできなかっ
た。しかし、ここではメフメット氏の証言を尊重するためにそのまま記述する。

14) ウルムチの事例。在外ウイグルへの聞き取り調査による（調査時期 2019 年 3 月、
調査地イスタンブル、調査対象者 50 代、男性）。

15) 中国政府は、2008 年 3 月 10 日に発生したチベット事件の時に、情報統制を徹底的
に敷いたことにより、外国メディアから批判を浴びた。その経験から、7・5 ウル
ムチ事件では、中国当局による外国メディアに対する取材ツアーの実施、メディア
センターの設置などを行っており、比較的開放された状況ではあった。

16) どの法令に抵触し、何の罪であったのかは確認することはできなかった。しかし、
ここではメフメット氏の証言を尊重するためにそのまま記述する。

17) BBC NEWS　2009 年 7 月 10 日掲載

"Turkey attacks China 'genocide'"
http://news.bbc.co.uk/2/hi/asia-pacific/8145451.stm
（2017 年 9 月 15 日閲覧）

18）同モスクは、コンスタンティノープルを制圧したスルタンメフメット 2 世（別称ファーティフ、Fatih、征服者の意）の廟を併設し、トルコのシンボルとされる歴史的なモスクである。

19）Hürriyet 紙　2014 年 4 月 9 日掲載
"Hasretle karşıladılar"
http://www.hurriyet.com.tr/hasretle-karsiladilar-20303183
（2017 年 9 月 12 日閲覧）

20）ウルムチ市の事例（調査時期 2014 年 7 月、調査地ウルムチ市、20 歳代、40 歳代、男性）。

21）TRT HABER　2013 年 9 月 9 日掲載
"Diyanet İşleri Başkanı Görmez Çin'de"
http://www.trthaber.com/m/?news=diyanet-isleri-baskani-gormez-cinde&news_id=100076&category_id=1
（2017 年 11 月 20 日閲覧）

22）TRT Diyanet 宗務庁
Diyanet İşleri Başkanı Görmez'den Doğu Türkistan'daki Oruç Yasağına Tepki
http://www.diyanet.tv/diyanet-isleri-baskani-gormez-den-dogu-turkistan-daki-oruc-yasagina-tepki
（2015 年 8 月 16 日閲覧）

23）ウルムチ市、カシュガル市の事例（調査時期 2014 年 7 月、調査地ウルムチ市、カシュガル市、調査対象者、10 代、20 代、男性）。

24）ウメル氏の証言によると、バスの普通席はタイ人らしき人が座っており、普通の長距離バスも兼ねていたという。

25）ハートヤイと表記されることもある。

26）ウメル氏の証言によると、トルコは人道支援という立場から、マレーシアとトルコ政府の水面下の合意によって緊急の渡航証に類似するものが発行されたという。

第4章
民族主義者はいかにイスラムの覚醒を
経験したのか

はじめに

　第3章では、サラフィーのウイグルについて明らかにした。しかし、トルコにおける宗教的なウイグルは、新疆でイスラムに覚醒した者のみによって構成されている訳ではない。民族主義者であった者が、トルコに亡命してからイスラムに覚醒した場合もある。ウイグルの民族主義者は、ウイグルの民族独立に主眼をおき、その思考は一般的には世俗的な性格を有している。これから取り上げるアフメット氏[1]は、そのうちのひとりである。アフメット氏は、どのような人生をたどって民族主義者となり、トルコへ亡命したのか。そして、トルコに亡命後、どのような経緯でイスラムに覚醒しイスラム復興に巻き込まれていったのだろうか。見てみることにしよう。

1. 敬虔な父を責める

　アフメット氏は新疆南部のオアシス都市イェンギシェヘル県で生まれた。ちょうどアフメット氏が生まれた1964年は、中国が新疆ロプノールにおいて初の核実験を成功させた年であり、また、文化大革命が始まる2年前であった。

　そもそもアフメット氏の両親は、新疆が共産党政権下に組み込まれる過程を経験していた。父親は、東トルキスタンイスラム共和国が成立した1933年頃の生まれで、家庭は資産家であった。それゆえ、アフメット氏の父親は過酷な経験をしている。共産党政権になる前の幼少期は、何不自由のない暮らしを過ごしていた。しかし、共産党政権の下で土地改革が行われるように

なると、一家の暮らしは暗転した。その頃、アフメット氏の父方の祖父は、隣村の自分の家よりも大きい資産家の人が、地主階級[2]のレッテルを張られ共産党によって銃殺されたという噂を耳にした。祖父は、その噂を聞いて精神的に追い詰められてショック死してしまったそうである。間もなくして、父親の家にも共産党が来た。そして、案の定、地主階級に分類されてしまった。家屋、土地、果樹園、家畜を含む財産すべてを没収されてしまったという。

悲惨なことはそれだけではなかった。年の離れた父親の兄弟たちは「地主の子」に分類されてしまったために、義務労働に送られてしまった。父親の姉らも、地主の娘として弾圧の対象となった。そのため、一家が離散してしまった。まさに天変地異であった。末っ子であった父親は、家族を失い、たちまち路頭に迷うことになってしまったのである。それで、祖母（父親の母）が、何とか父親が食べていけるようにしなければならないと、祖母の実家に連れて行って建築の修行をさせた。祖母の実家は、モスクや家を建築する建築士の家庭であった。父親はそこで1950年頃まで建築を勉強したという。1950年に中ソ非鉄・レアメタル株式会社（現新疆非鉄金属工業（集団）有限会社）が設立された。新疆からパキスタンに行く途中のブルンコルという場所で銅がとれるということから旧ソ連と中国の共同で銅の採掘が始められた。その当時、技術者はソ連から、労働者は中国から供出された。曾祖父（父親にとっては母方の祖父）の弟子が同局に働いていたので、そのツテを頼って父親が同局の技術労働者として働くことになった。しかし、1960年代に中ソ関係が悪化すると、銅山は閉鎖された。そのため、父親はグルジャのウラニウムの鉱山や石炭の鉱山のあるクムルに配属された。曾祖父が再度知り合いにかけあい、カシュガルに戻すようにと頼んでくれたことから、近郊のアトシュの交通局に配属となったという。

しかし、交通局での仕事は、常に移動が伴うために、5回の礼拝ができないという理由から、トラックの修理工になったという。その後、クルグズ自治州養路工程隊という会社が新しく設立されたので、交通局からこの会社に転属になった。こうした経緯から、父親は生涯、建築・車両・道路の技術者としての道を歩んだ。

　そのような父のもとに生まれたのがアフメット氏であった。

　文化大革命の最中（1972年）、すなわちアフメット氏が小学生の時に、父親は前述のクルグズ自治州養路工程隊に配属され、転勤になった。そこでの父親の仕事は、クルグズスタンと中国の国境で道路を開通させるための道路技術士であり、クルグズ[3]が多く居住するアトシュの国境沿いの山あいの村で暮らすことになったのである。そこで、アフメット氏は小・中・高校をその地域で過ごしたことから、文化大革命の動乱はほとんど記憶にないという。

　父親はそうした環境を利用して、叔母（父親の姉）を呼び寄せた。表向きの名目は、アフメット氏や妹弟の面倒をみるということになっていた。しかし、本当の目的は、「地主の娘」というレッテルをはられていた叔母をかくまうためであった。アフメット氏にとって、この叔母が来てくれたことが功を奏した。叔母は、女性の宗教学校に通った経歴を持つ宗教的人物ブヴィ[4]であった。アフメット氏が6、7歳の時から、その叔母が面倒をみて、礼拝の仕方やクルアーンの読み方などを教えたという。アフメット氏にとっての最初の宗教的な先生であった。

　しかし、住んでいた村も、街よりはましだというだけで、宗教に関しては否定的な雰囲気が蔓延していたという。両親や叔母、アフメット氏は、ほとんど家で礼拝をしていた。父親は礼拝を欠かさない敬虔なムスリムであったが、周りの雰囲気を憚ってモスクに行けるような状態ではなかった。さすがに、ラマダンの断食明けや犠牲祭の時には、アフメット氏を連れてモスクに行っていたという。もともと頑固で生真面目であった父親は、職場から共産党に入党するように推薦されたことがあった。しかし、父親は共産党員になると礼拝ができなくなるので、他に適当な理由をつけて入党を断ったという。そのような父親に対してアフメット氏は「政治的に幹部になったら、地位も給料も上がるのに何で党員にならないんだ！」と激しくなじった。アフメット氏は、父親に対するこの時の不遜な態度を今でも深く後悔しているという。

　やがて、毛沢東の死去（1976年）に伴い文化大革命が終結した。新疆においても1977、78年頃から民族政策が軌道修正され、民族的自立や権利が強

調されるようになった。アフメット氏が住んでいた村は、人口の大半がクルグズで占められ、ウイグルのアフメット氏たちは、いわば「少数民族」であった。民族政策の修正とともに、アフメット氏の村でもクルグズの民族主義が高まり、ウイグルはウイグルの住むところに帰れという雰囲気に変わっていった。クルグズ民族主義の高まりのなかで、父親はウイグルであることで村に居づらくなり、山を下りることを決意した。イェンギサル政府に転勤を申し出て、それが許可された。

　アフメット氏の一家にとって、文化大革命の終結は、家族との再会を意味するものであった。共産党政権になって間もなく「地主の子」というレッテルを張られ、生き別れになっていた父親の兄たちが、それぞれ離散先のグルジャやマラルベシなどから戻ってきたのである。土地の請負が始まり、1人当たり1畝（666㎡）の土地が割り当てられることになった。そこに、父親や兄弟それぞれが、日干し煉瓦を作って家を再建し、新たな生活の一歩を歩み始めた。

2. 共産党員になる

　新たな生活は、アフメット氏にもおとずれた。1981年に新疆の大学に合格し入学した。アフメット氏の高校から出た唯一の大学進学者であった。大学のあるウルムチは想像を絶する別世界であったという。

　大学生活の始めのうちは、ブウィであった叔母の教えに従い、礼拝、断食を続けていた。しかし、文化大革命後の大学の自由な生活を謳歌していく中で、礼拝は朝だけになり、そのうち金曜日だけになり、次第に叔母の教えから遠のいていった[5]。時には寮の友達と連れ立って南門モスクに行く程度になったという[6]。さらに友人に勧められてタバコや酒の味を覚えるようになった。アフメット氏は、その時の自分を「腐敗していきました」と振り返る。

　内地の大学と同様、新疆においても大学生のデモがたびたび行われ、アフメット氏も積極的にデモに参加したという。1985年12月12日にはウルムチで大規模なデモ[7]が行われた。ウルムチの大学生は、計画生育、ロプノー

ルでの核実験、および選挙が実施されず、自治が守られていないことについて抗議声明を掲げた。漢族の新疆への大量流入についての抗議の声も大きかった。「万里の長城の内側で発生した犯罪者をタリム労働改造所などに連れてくるな、新疆は中国の労働改造所ではない」という抗議声明であった。改革開放後にやってきた漢族は質が悪く、新疆で強盗略奪が目立つようになっていたのだという。

　アフメット氏は大学では成績も優秀で、クラスでは常にトップであったという。大学の先生から、「優秀生」として評価され、共産党入党の推薦を獲得した。共産党員になることは、エリートの証であり、将来の出世を約束されたのも同然であった。共産党員であるというだけで漢民族に信用される。むしろ、共産党員にならなければ、少数民族には前途や身の安全がなかった。条件のよいところに就職ができなかったからである。このようなことから、アフメット氏は、共産党員になることに迷いはなかった。1985年に「晴れて」共産党員になることができた。エリートとしての道が用意されているはずであった。

3. 民族主義者になる

　アフメット氏は大学を卒業し、カシュガル教育学院（現カシュガル成人学院）に化学の教師として分配された。同じ頃、自然科学などの分野で日本に留学する制度が始まり、日本語の勉強を始めた。アフメット氏も日本への留学を希望したが、政府関係者の子女が優先されて、自分にはチャンスがめぐってこないことを知った。

　トゥルグン・アルマスの『ウイグル人』（1989年）と出会ったのはちょうどこの頃であった。トゥルグン・アルマス（1924-2002年）は、新疆社会科学院のウイグル研究者であり他にも、『匈奴簡史』（1986年）、『ウイグル古代文学』（1987年）を執筆している。これらの著作は、テュルク系民族に主眼を置いたものであり、政府公認の出版社から刊行されていた。しかし、新疆ウイグル自治区共産党委員会は自由化の行き過ぎとみなし、これらの著作の内容を検討した。結果、その内容が「非学問的」かつ現代中国にとって「犯

罪的」であるとして発禁処分となった。このことは、一般に『ウイグル人』問題[8]と称されている。いずれにせよ、この本は、これまで「歴史」で教えられてきた、新疆は古来より中国の不可分の領土であるというアフメット氏の「常識」を根底からひっくり返す内容であった。かつて我々テュルク系民族が王朝を築き、この地域の主役であったという内容に大きな衝撃を受けた。新疆はずっと辺境であったが古来より中国の統一支配下にあったという歴史観に疑いを持つようになったのである。

　アフメット氏はこの一冊の本を読んだことをきっかけに、民族主義に傾倒し、新たな世界に導かれたのであった。そして後に、その新たな世界を拡げるための「道具」も手に入れることになった。すなわち、インターネットである。

　アフメット氏は、日本語の能力を買われ、国際旅行会社に日本語ガイドとして籍を置くようになった。日本ではNHKで放映されたシルクロード番組が人気を博し、シルクロードブームが起きていた。1990年代になると日本から新疆への旅行者が激増していた。また、冷戦崩壊に伴って中央アジア諸国への旅行も容易になったことから、アフメット氏は1991年には、旅行ガイドとしてパスポートを所持し、新疆のほかに、外国旅行にも同行するようになった。クルグズスタン、ウズベキスタンをはじめとする中央アジア諸国、およびパキスタンなどを周遊する旅に同行し、日本人旅行者のガイドを務めるようになった。このように外国旅行の同行を通じて、冷戦崩壊後の中央アジアが次第に自由になっていくことを肌で感じていた。また、同行先のホテルでは、外国のテレビが視聴でき、トルコの番組をよく視聴していたという。

　そして、日本の旅行会社と直接連絡を取るために1996年頃から職場にインターネットが導入された。当時、インターネットの普及は限定的であったこともあり、今のような政府当局のインターネットの監視も皆無の状態であったという。

　アフメット氏はインターネットひとつで、海外とアクセスできるようになった。海外に在住するウイグルの知り合いも増えていき、世界各地に居住するウイグル民族主義者らと意気投合した。インターネットによって民族主

義者としての世界を拡げていったのである。ドイツの東トルキスタン情報セ
ンターにアクセスするようになって、同情報センターの関係者であるカラカ
シ氏と知り合った。カラカシ氏を通じて、ウイグル民族主義運動の世界的な
動向を知る。カラカシ氏へは新聞に掲載された情報やガイド先で得た中国政
府の動向の情報を送っていた。ウイグルのために活動を行っているというこ
とがたまらなく誇らしかった。そして、何よりも世界のウイグル民族主義者
たちと志を同じくする「同志」としてつながっていることに、たまらない高
揚感を覚えたという。

　民族主義者としての活動は、インターネットの世界だけではなかった。日
本人のガイドを行う際に、「特別授業」も行っていた。通常、アフメット氏
が担当していた旅行は、旅行者用の大型バスを利用し、車内は、ガイドのア
フメット氏と漢族のバスの運転手、そして日本人旅行者という組み合わせ
だった。バスの中で、アフメット氏は、新疆の観光ガイドとともに、中国が
新疆をいかに侵略し、ウイグルの本来の生活を奪ってきたか、ウズベキスタ
ンのブハラからクムル[9]までは、テュルク系民族の領土であったといった内
容の「特別授業」を毎度行っていた。大型バスは、移動教室さながらであっ
た。なにしろ、漢族のバスの運転手は、日本語で話しているので、何を言っ
ているのか分からない。それがたまらなく面白かったという。

　日本人旅行者もアフメット氏の解説に興味津々で耳を傾けてくれる。耳を
傾けてくれる人が多ければ多いほど、悦に入るといった具合だった。しか
し、この行為がアフメット氏の人生を大きく変えることになった。

　日本人旅行者に中国が新疆を侵略していると解説していたことが、ついに
当局にバレたのである。若い日本人の添乗員が旅行の終わりのパーティーで
「アフメットさんのおっしゃる、新疆はテュルク系民族の領土だったってい
う歴史の解説はすごく面白いですね」と何気なしに褒めたそのひとことが漢
族のガイドの耳に入った。それで、アフメット氏のこれまでの行為が知られ
ることになってしまった。

　2001年のことだった。そこから会社内部で調査が始まり、アフメット氏
は謹慎処分となった。そして、ウイグルの同僚から「会社では重大問題に発
展し、日本の旅行会社に対してもこの件で調査を進めている。まもなく家宅

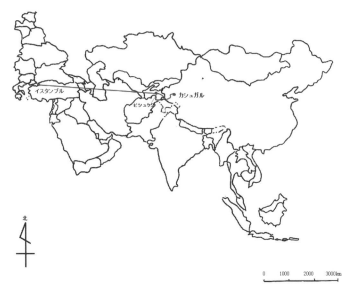

図1　アフメット氏のトルコまでの経路（筆者作成）

捜査[10]もされるだろう。早く逃げたほうがよい」という警告を受けた。あれこれと考えている余裕はなかった。ちょうど、クルグズスタンの旅行関係の国際展覧会のインビテーションをもらっていたため、そのインビテーションと旅行ガイドのパスポート、そしてわずかな現金を手に陸路でクルグズスタンに逃げた。わずか10歳になる長男にだけ「ウルムチに行く。お母さんと妹を守ってあげなさい」と告げ故郷を後にした。

4.　クルグズスタンでの日々

旅行ガイドで何度も訪れたクルグズスタンであったが、これまでの滞在とは状況が全く異なっていた。まさか、自分がこのような境遇でクルグズスタンに来ることになろうとは、夢にも思わなかった。カシュガルでは、ちょうど日本語ガイドとしても脂がのっていた時期で、外貨を容易に獲得できた。その収入は、カシュガルで上位にランクし、人がやっかむほどこの世を謳歌

していた。しかし、それはクルグズスタンとの国境を越えた時点ですでに過去のものとなってしまった。クルグズスタンには着の身着のまま逃げて来たために、まずは滞在資金として日銭を稼がねばならなかった。

これまでつきあいのあった旅行会社をまわって、仕事をさせてもらえるよう頭を下げた。そして、ビシュケク市内で日本人のバックパッカーを見つけては、声をかけてナリンやイシククル湖をガイドして、当座の滞在費を稼いだ。クルグズスタンでの滞在を延ばすわけにはいかなかった。クルグズスタンは、身柄を中国に送還するからである[11]。行き先は、外国のホテルのテレビで見ていたトルコしかないと思った。なぜなら、トルコは、テュルク系民族最大の国であり、テュルク民族主義運動の拠点でもあったからである。

しかし、その時、アフメット氏には直接トルコにツテはなかった。そのうえ、中国のパスポートでトルコに渡るには、ビザが必要だった。ある時ふと日本人の高岡氏のことを思い出した。高岡氏とは新疆で旅行ガイドを務めた縁で、その後もたびたびメールや電話でやりとりが続いていた。かつて、高岡氏がトルコでトルコ人と食品関係の合弁会社を開いているという話をしたことを思い出したのだ。さっそく、アフメット氏は、クルグズスタンから日本にいる高岡氏に連絡をとって自身の切羽詰まった境遇を話し、トルコのビザを取得するためにトルコ人のインビテーションを要することを訴えた。高岡氏は、さっそく日本からトルコに連絡をいれてくれた。高岡氏から連絡を受けたトルコ人は、確実にトルコのビザを取得するためには、それなりの人物からインビテーションをもらうのがよいだろう、といって適当な人物を探して来た。

それは、テュルク民族主義を掲げる民族主義者行動党[12]（Milliyetçi Hareket Partisi、以下、MHP）の国会議員であった。アフメット氏はさっそく、ビシュケクの滞在先であったドストルックホテルにインビテーションのFaxを送ってもらい、ホテル宛てに原本を速達で送ってもらったという。アフメット氏はインビテーションを受け取るや否や、すぐさまトルコ大使館に駆け込みトルコの観光ビザの申請をした。

MHPの国会議員のインビテーションが功を奏して、1週間の観光ビザの取得に成功した。そして、なけなしの300ドルを片道の航空チケットに変

え、機上の人となったのである。

5. イスラムの覚醒

2002年9月5日、クルグズスタンからトルコ・アタテュルク空港に着いた。空港では、自分の民族（テュルク）の警官が主体となって、国を管理していることに衝撃を受けた。トルコ人の警官がピストルを携帯している姿への感動とトルコの土を踏んだ興奮と安堵が入り交じり涙があふれたという。空港には、タクラマカンウイグル出版社の関係者が迎えに来てくれた。その後、イスタンブルでウイグルが多く居住するゼイティンブルヌに1週間滞在した。

そして、首都アンカラのウイグル系の協会に身を寄せることになった。その期間中、テュルク国際文化機構（TÜRKSOY）[13]関係の活動にウイグルの青い旗を作って参加した。それは、テュルク系民族が一同に集まる活動であり、テュルク系民族がそれぞれ歌を歌ったり、スピーチをしたりしていた。スピーチは、自らの民族の解放や自由といったそれぞれ思うままの内容で、それを聞いて自分のなかで解放感を得て、テュルク系民族の一員であることを謳歌したという。とりわけ、こうした集まりに参加することで、やっとこの世界の一員として、自分も認められるようになったと感じたようである。トルコ建国の父ムスタファ・ケマル・アタテュルク[14]（Mustafa Kemal Atatürk、以下、アタテュルク）の廟も参拝し、アタテュルクとアタテュルクが建国したトルコに敬意を持つようになった。アフメット氏はテュルク民族としての意識をさらに深め、テュルク民族主義者としてアタテュルクに傾倒していった。

そして、MHPの関係者と接触を持つようになり、党首デヴレト・バフチェリ[15]（Devlet Bahçeli）と面会し、新疆の置かれている現状を知ってもらおうと積極的に広報活動を行った。

このように、テュルク民族主義者に傾倒を深めていったアフメット氏であったが、MHPの関係者をはじめとするテュルク民族主義者とのつきあいを深めていくうちに、ある違和感を感じるようになった。それは、テュルク

民族主義者は、アフメット氏がテュルク系民族の話をすると大いに賛同して
くれるのだが、イスラム的な話をすると違和感を示すことであったという。
テュルク民族の話をするときは、「兄弟」というのに、イスラム的な話をす
ると「あんたはいつからアラブ人になったの」という反応をした。

　つまり、彼らの頭のなかでは、ムスリムよりもテュルク民族が上位を占
め、なかでもトルコ人が頂点に位置しているようであった。トルコの民族主
義者は自分たちの利益が合致した時には、ウイグルを尊重しつつも利用す
る。そうした思考が性にあわなかった。MHP が政権を執れない弱さは、こ
のようなトルコ本位の民族主義の思考にあるのではないかと思うようになっ
た。

　また、既存のウイグルが運営する NGO にも泣かされた。ウイグル関係の
NGO を通してトルコの居留証の手続きを行うことになっていたが、その時
に、便宜をはかってもらうために、パスポートの間にドルを挟んだりプレゼ
ントを贈ることが慣例化していた。ウイグル関係の NGO 関係者は、亡命者
の第2世代の者が多くを占め、新疆の実情には一定の理解は示してくれるも
のの内情には疎かった。トルコに来たウイグルは、中国大使館に頼ることは
できないことから、不本意ながらこうしたウイグル関係の NGO を頼るしか
ないというのが現実であったという[16]。

　アフメット氏は、こうしたテュルク民族主義者やウイグル関係の NGO と
接触を重ねるなかで、今日の新疆が中国の政権下に組み込まれ、トルコのウ
イグル社会も腐敗するようになった原因に思いを巡らせた。

　そしてアフメット氏は、広大なマルマラ海を眺めながら「私は海から一番
遠い砂漠地帯に生まれたはずなのに、なぜいま海を見ているのか」と自分の
置かれた境遇に思いを巡らせた。広大な海を眺めているうちに「これは、自
分の意思ではない。アッラーに委ねなければならない」と悟ったのだった。
2004 年頃のことである。

　それから大学生時代より習慣化していたタバコと酒をきっぱりとやめる決
意をした。イスラムの実践をしっかりしていない者が、信頼を得るのは難し
いという思いを強くしたからである。トルコで生計を立てるために、職を
転々とした。トルコ人からは就労が認められていない居留証のみの身分であ

ることで足元を見られ、安く使われることもあった。これまで頭脳労働者で
あったアフメット氏は、製銅工場で肉体労働者として体に火傷を負いながら
働くなど、過酷な状況のなか、身を粉にして働いた。

　このような日々を過ごしながら、ようやく2007年にトルコ国籍を取得す
ることができた。そして、宣誓翻訳（Yeminli Tercüme）[17]の資格も取得した。
公証役場に登記するときに必要な書類を翻訳する資格である。それで、ウイ
グルが居留証を取得する時に必要な書類を漢語からトルコ語に翻訳するよう
になった。アフメット氏は、ウイグルからこうした亡命者関連の翻訳の依頼
があれば、費用を一切受け取らない。亡命ウイグル以外の漢語、日本語の翻
訳を受けたときは1件あたり200ドルの翻訳料で請け負っている。公証役場
には、翻訳者の登録制度があり、アクサライ、ベヤジット、シシリなどイス
タンブル中心部にあるほぼすべての公証役場に出向いて翻訳者としての登録
をしてもらったという。こうした努力が実を結び、今では公証役場から依頼
される翻訳もあるという。翻訳によって得た収入は、一部を生活費として使
い多くを難民支援に回している。

　翻訳業務を続けるうちに、イスタンブル在住のウイグルの間で口コミでア
フメット氏の名前が知られていった。そして、ウイグルの知り合いが増え
ネットワークが拡がっていったのである[18]。

6. マレーシアでのウイグル支援

　ちょうど2011年に差しかかった頃から、信仰の自由を求めて新疆から
の離散を余儀なくされたウイグルが、東南アジアを経由して、トルコへと押
し寄せるようになった。トルコ国籍を持ち、且つ翻訳業務を行っているアフ
メット氏のもとにこうしたウイグルの家族が押し寄せるようになった。

　それは、居留証のための公的文書の翻訳を依頼するためだけではなかっ
た。こうしたウイグルの家族には、中国国内を経てマレーシアまで行く道中
で家族が生き別れになったケースや、先に家族の1人がトルコに行き残され
た家族がマレーシアやタイで警察に拘留されているケース、両親だけ先発隊
としてトルコに来て、子供を信頼できるウイグルに託して子供のトルコ入国

を待っているケースが多く見られた。家族全員が無事にトルコに入国できた
ケースは多くはなかった。

　こうした状況のなかで、家族を残したままトルコに来たウイグルが、アフ
メット氏を頼って助けを求めるようになった。多くの依頼者は、マレーシア
やタイまでの航空券代や宿泊料を持参し、これで渡航し、現地での家族の状
況を教えてほしいと訴えるなど、切迫した状況であった。

　アフメット氏は、こうした状況のなかで、トルコ人の政府関係者や宗教的
指導者を頼った。なかでもトルコ人の友人イスマイル氏（ismail）は、元イ
マーム・ハティップ学校出身であり、イスタンブルにある有力モスクの関係
者として名を連ねていた。イスマイル氏とは、イリム・ヤイマ・ジェミイェ
ティ（İlim Yayma Cemiyeti、イスラム的科学知識の普及協会）を通じて知り
合った。同協会は、1951年10月にイマーム・ハティップ学校（İmam
Hatip、公立の宗教学校）の関係者によって科学と知識を啓蒙するために設立
された老舗の宗教的教育支援協会[19]である。イスマイル氏は、信仰心に篤い
人物で、もともとパレスティナ難民の世話人をしており、ウイグルの状況に
も非常に関心を持ってくれた。緊急を要することと、アフメット氏ひとりで
は対処できない問題であることから、トルコ人のイスマイル氏を頼ったので
ある。

　2012年当時、すでにトルコにはマレーシアから300人ほどのウイグルが
逃げて来ていた。その家族が、バラバラになった状態であり、緊急を要する
事態であった。マレーシアへの渡航では、イスマイル氏がイマーム・ハ
ティップ学校の人脈を生かしてトルコ航空と掛け合い、航空券を4割引きに
してもらったり、荷物の重量制限を50キロまでに優遇してもらったりした
という[20]。そして、マレーシアでのウイグルの支援活動を始めたのである。

　マレーシアでのウイグルの支援活動は、アフメット氏とイスマイル氏との
協同で行われたという。まずは、トルコで依頼されていた、マレーシアに残
るウイグルの安否確認を行った。そして、マレーシアに滞在するウイグルへ
の物資の支援を行ったという。また、刑務所に収容されているウイグルの慰
問も行い、物資の支援や刑務所出所後の生活支援を行った。そして、マレー
シアの現地政府関係者と面会してウイグルの保護を求めた。続いて、マレー

シアとタイの国境地帯のイスラム宗教局を訪問して、ムスリム兄弟としてウイグルの保護を求めたという。さらには、イスマイル氏の知人のトルコ政府高官を通じて在クアラルンプールトルコ大使館とコンタクトを取りウイグルの保護を求めたようである。

このような支援活動は、2013 年から 2014 年にかけてピークを迎えている。トルコ側とマレーシア側のウイグルの要望に応えるために、多いときにはトルコ、マレーシア間を月に 2、3 往復するほどであった。現地のウイグルは、慣れない東南アジアの熱帯雨林の気候や度重なるストレスで疲労困憊し、重度の皮膚炎や腸炎が蔓延する状況であったという。そのようななかで、ウイグルが欲しがったものは、『ハディース』であった。

アフメット氏の証言によると、こうしたウイグルの人道的支援の活動が実を結び、最終的には、マレーシアの政府関係者とトルコ政府関係者による協議がもたれ、ウイグルはトルコに保護される運びとなった[21]。

注

1) アフメット氏への聞き取り調査は、トルコ・イスタンブルにおいて 2011 年 8 月、9 月、2017 年 8 月、9 月、2022 年 3 月、8 月、9 月、2023 年 3 月に行った。アフメット氏は、イェンギシェヘル出身の 50 代、男性である。

2) 詳しくは、第 1 章表 2 参照のこと。

3) クルグズは、中国の少数民族に数えられている。ウイグルと同様にテュルク系ムスリムであるが、遊牧民族に属するために農耕民族のウイグルと生活様式は若干異なる。また、それぞれの言語にも違いがある。

4) 詳しくは、第 2 章 3.(2)新疆における脱宗教化―女性管理を参照のこと。

5) 奇しくもこの頃にブヴィであった叔母が死去してしまったという。

6) 2023 年現在、新疆では、大学の寮で礼拝をしたり、友達とモスクに行ったりすることは難しい。宗教に対して比較的自由な雰囲気があった当時を垣間見ることができる。アフメット氏によると当時はモスクに行っても、当局は民族的なことだからと寛容な態度であったという。

7) このデモは、1985 年 12 月 12 日から 3 日間にわたって学生によって行われた。参加者数は 2000 余名だった。ウルムチ以外にホータン、アクスなど新疆の他の都市や北京、上海にまで飛び火した［歴声主編 2006：306］。

8) 『ウイグル人』問題の経緯については、星野昌裕［2009］p.92 を参照されたい。『ウイグル人』は日本語にも翻訳されている。

9) クムル（哈密）は、漢族居住地区の甘粛省と新疆が隣接する街である。

10) アフメット氏の出国後、当局関係者によって家宅捜査が行われた。パソコンなど一

切を没収されたとのことである。

11) クルグズスタンは上海協力機構の主要な加盟国であり、中国の要請に従い身柄を送還する協定が締結されている。

12) 民族主義者行動党は、トルコにおいてテュルク民族主義を掲げる政治団体のなかでも極右民族主義として位置づけられている政党である。テュルク主義、汎テュルク主義を党是とする。

13) テュルク国際文化機構（TÜRKSOY）は、冷戦崩壊後の 1994 年にアンカラでテュルク系民族の文化的連帯を目的として設立された。正式名称は Uluslararası Türk Kültürü Teşkilatı というが、一般的に TÜRKSOY（テュルク（TÜRK）の先祖（SOY）、テュルクソイ）と称される。

テュルク国際文化機構ウェブサイト

http://www.turksoy.org/

（2017 年 9 月 26 日閲覧）

14) ムスタファ・ケマル・アタテュルク（1881 年 – 1938 年）は、第一次世界大戦後のトルコ革命指導者であり、トルコ共和国初代大統領である。1923 年、トルコ共和国建国に伴い初代大統領に就任すると、カリフ制を廃止し、世俗主義を国是として西欧化を進めた。さらに、トルコ民族の歴史を中央アジアの突厥やウイグルと結び付けて、テュルク民族としての民族意識の高揚を働きかけた。

15) デブレト・バフチェリは、党の方針を極右民族主義路線からやや穏健化させたが、近年のトルコのイスラム復興の影響により、その求心力は低下傾向にある。

16) 居留証の手続きのほか、トルコの大学の入学手続き、宿舎の紹介など行っていた。

17) 外国で発行されたパスポートや結婚証、運転免許証などの公式文書をトルコ語に翻訳することができる資格。その他司法通訳も行っている。

18) 7・5ウルムチ事件の発生を受けて、トルコ政府はウイグルのトルコ国籍取得審査を一時的に緩和した。それに伴い、サウディアラビア在住のウイグルもトルコ国籍取得のためにアフメット氏のもとを訪れるほどであった。

19) 同協会は、イマーム・ハティップ学校に対して学生寮や奨学金などを支援し学生生活を支えている。

İlim yayma cemiyeti ウェブサイト

http://www.iyc.org.tr/?q=3&h=243

（2017 年 9 月 26 日閲覧）

20) アフメット氏は、初めトルコ航空と交渉した際に、チャーター機を出してもらう、もしくはマレーシアからイスタンブルまでの便に 20 人ずつの席を確保してもらうなどの要求を出したという。結果的にこれらの要求は実らなかった。しかし、こうした要求の内容から、当時の切迫した状況が窺える。トルコ航空は、当時外務大臣を務めていたアフメト・ダーウトオール（Ahmet Davutoğlu）の「人道外交」の重要なアクターであった［今井 2017：135］。トルコ航空のウイグルへの支援もそのことと無縁ではないと考えられる。

21) こうした支援活動は、マレーシアとタイでは全く環境を異にしたという。

アフメット氏によれば、マレーシアにおいては、ウイグルとマレーシア人はムスリ

ムという観点から、ある程度ウイグルに同情を示し、人道的な保護が得られたという。しかし、タイでは、ウイグルはテロリストとして扱われ、タイと中国の間で犯罪者の引き渡し条約の締結がすでに交わされていたこともあって、円滑にウイグルを保護し支援することは困難であったという。実際に 2015 年 7 月 9 日、タイ政府はタイに入国したウイグル 100 人を中国に強制送還している。ちなみにマレーシアにおいては、この時点では、中国とマレーシア間で犯罪者の引き渡し条約は交わされていなかった［張屹 2017：122］。こうした事情もあり、ウイグルはマレーシアで保護が得られたのだと考えられる。

第5章

スーフィーはなぜトルコに来たのか

はじめに

　本章が対象とするルトゥフッラー氏[1]は、新疆の伝統的イスラムを継承する数少ない人物である。これまで第3章、第4章で取り上げたウイグルよりも、早い時期からトルコに亡命した古参のウイグルである。新疆ではかつて、スーフィー教団の一派であるナクシュバンディ教団が支配的であった。ナクシュバンディ教団[2]は、ウズベキスタンを発祥の地とする教団であり、中央アジアを中心に東は新疆、回族地域から西はトルコに至るまで勢力をのばしていた。ルトゥフッラー氏は、その中の一派ムジャッディディーヤに属する修練者であり、イスラムの高等教育を受けた知識人として、ウイグルか

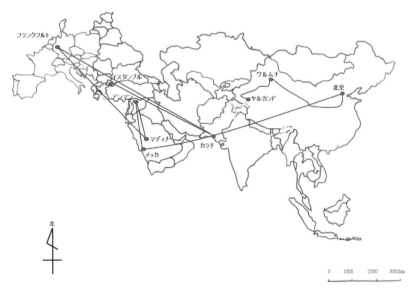

図1　ルトゥフッラー氏のトルコまでの経路（筆者作成）

ら尊敬され、信頼されている。

　ルトゥフッラー氏は、中華民国時代の 1944 年に新疆省ヤルカンドで生を
受け、1980 年に出国して諸国を放浪したのち、1990 年代初頭にトルコに亡
命した。共産党が新疆を掌握してからの新疆の歴史的変容や在外ウイグル社
会の様子、そしてウイグルやトルコのイスラム復興の過程をつぶさに見つめ
て来た。それでは、ルトゥフッラー氏はどのような人生をたどってきたの
か、証言に基づいてみてみよう。

1. 社会主義政権下での信仰生活

(1) ヤルカンドから北京へ──マドラサでの学び

　ルトゥフッラー氏は、1944 年に新疆のヤルカンドで農家の 5 人兄弟の末っ
子として生まれた。両親ともに貧農で、3 歳の時に父親は病死している。父
親はモスクで礼拝の呼びかけをするムアッズィンを担当していた。異母兄が
3 人いたが、みな歳が 20 歳近く離れ、それぞれ結婚し独立していたため、
特につきあいはなかった。ルトゥフッラー氏は母と姉の 3 人暮らしだった。
母親は、2 番目の妻だったようである。母親と姉は当時のウイグル女性と同
様にトゥオロマール[3]をかぶっていたという。その頃の男性は、道端で酒に
酔いつぶれて寝っ転がっているような人がたくさんいた。かといって、信仰
のない生活を送っていたわけではなかったようである。当時の農民には、ウ
シュルがあった。

　ルトゥフッラー氏は、6 歳で割礼を受けた。当時の様子は次のようであっ
たという。ある日、母親が割礼のできる人を家に呼んだ。割礼をする人がル
トゥフッラー氏の下着を脱がせ、かみそりで処置した。ルトゥフッラー氏が
「あっ！」と驚いている瞬間に、ルトゥフッラー氏の口にゆで卵を突っ込ん
で塞いだそうである。ゆで卵で口が塞がれている間、その傷口に綿花を焼い
た灰をつけ止血して終了であった。その日は、母親がルトゥフッラー氏にお
祝いで卵をたくさん食べさせた。ルトゥフッラー氏は、今でもその卵の味が
忘れられないという。当時は、今の子供のように宴会を開くということはな
く、日常的な通過儀礼のひとつに過ぎなかったようである。そして、ルトゥ

フッラー氏は、割礼を経て礼拝をするようになった。

　このように割礼を経たルトゥフッラー氏は、同時に就学年齢に達していた。ルトゥフッラー氏は、7歳でいったん小学校に入学し、1年間通ったものの、母親が共産党による教育を受けさせまいと、あの手この手を使ってルトゥフッラー氏を学校から遠ざけていたという。時には、ルトゥフッラー氏を家から遠く離れた知人宅に預けるほどだった。当時の保護者は、ルトゥフッラー氏の母親と同様に共産党による教育から子供を守ろうと必死だったという。ところが、とうとう当局にルトゥフッラー氏の居所がバレてしまい、小学校に再登校せざるを得なくなった。

　こうして小学校に再登校するようになり、ようやく学校生活に慣れてきたのも束の間、母親が、ルトゥフッラー氏と姉を残して急死してしまった。10歳の頃だった。母親は亡くなる数日前から、床に伏せることが多くなり、ルトゥフッラー氏を枕元に呼びよせて「私はあなたをダー・モッラー（大学者）にしたかった」と悔やんでいた。ルトゥフッラー氏は、そのことが、今でも忘れられないという。このように不遇な環境にあったが、小学校でのルトゥフッラー氏の成績は良好だった。当時は小学校で「宗教と道徳」という授業があり、それがルトゥフッラー氏にとっての初めての宗教的な授業だった。授業では、礼拝とは何か、アッラーとはどういう存在かという基本的な内容を教わった。3年生の時には、2回も飛び級をした。最初の飛び級は、先生が「宗教と道徳」の授業の時に「みんなは、この授業を何のために受けますか？　イマームになるためですか？　それともアッラーのためですか？」と質問した時だった。その時、唯一ルトゥフッラー氏だけが「アッラーのためだ」と手を挙げたのだ。それを見た先生は、即座にルトゥフッラー氏の手を引っぱって校長のところまで連れて行き、飛び級の交渉をした。結果、1年飛び級となった。次の飛び級は、ただひとりルトゥフッラー氏が算数の問題を解いた時だった。それで、また1級飛び級が認められ、いっきに最終学年の五年生になった。こうして1年で2級も飛び級をし、晴れて小学校卒業となった。

　小学校を卒業したルトゥフッラー氏は、誰にも相談せずヤルカンドのハンディマドラサ[4]（以下、マドラサ）の門を叩いた。マドラサのシャイフ（導師）

は、宗教的な知識が豊富なうえ、予知や透視など特殊な能力を持つ聖者だった。聖者は、ウイグル社会のなかで「アッラーの友、アッラーに愛されている人」といわれ、非常に尊敬される存在だったという。

　マドラサでのイスラムの教育は大きく２つに分かれていた。シャリーア（イスラム法学）とタリーカ（スーフィーの修練方法）の２本立てだった。シャリーアは、信仰箇条（アキーダ）、法学（フィクフ）、預言者ムハンマドの言行録（ハディース）、経典解釈学（タフスィール）が含まれていた。最初は、クルアーンを正しく読誦することに徹していた。それができるようになって、初めて別の授業を受けられるようになるという。授業はアラビア語とウイグル語で行われていた。当時の先生はみな厳しく、先生が出来の悪い学生を木の棒で叩いて教えるほどだった。基本的には、先生が口頭で教えてくれたものを、学生が聞いて覚えるという授業の方式だった。当時は、ノートのようなものがなかったので、木板にメモをしていた。マドラサの教育の特徴は、じっくりとひとつの内容を学ぶのではなく、次から次に多くの内容をこなしてゆく速成型の教育だった。例えば、ハディースは１日で60項目を学んでいった。ひとりの学生がハディースの各項目を読み、みんなでそれを聞き、シャイフがそれに対して解説を加えるという授業の進め方であったという。

　そして、このマドラサの最大の特徴は、スーフィーのタリーカの修練ができることだった。タリーカは、シャイフが個人のレベルに応じてそれぞれ指導をしてくれた。マドラサの設立者のアユーブ・カリーが作成した『神秘の根源』（メンバウル・エスラール）という手引書に則り修練する。手引書には、ズィクル[5]の行い方など34の修練法が記され、それを徹底的に習得した。若者はシャリーアとタリーカの両方を同時に学んだ。しかし、50、60代の高齢者や文盲の人、およびシャリーアをすでに学んだことのある人はタリーカのみの修練が認められていた。このような人たちは『神秘の根源』に記されている修練の34項目を完成させるとシャイフとして認められていた。もちろんシャリーアの学習も重視されたが、タリーカで個人が34段階のうちどこまで到達できたかという修練のレベルにも重きを置かれていた。このようにしてマドラサを卒業したシャイフがどんどん各地に広がっていったとい

う。

マドラサの運営は、信者から寄進され土地（ワクフ地）から得た収益や地元の裕福なウイグルの喜捨などによって賄われていた。収穫期に学生や地元の住民が、寄進された土地で麦の刈り取りや綿花摘みなどをしていたようである。ルトゥフッラー氏にとってこの時にマドラサのシャイフから教わったイスラムの教えすべてが、自身の信仰の基礎になっているという。

このようにマドラサで3年間学び、13歳の時に卒業した。マドラサで北京にある中国イスラム教学院（中国伊斯蘭教経学院）での学生の募集を知り、選抜試験に参加した。試験はアラビア語の読解だった。試験で1位であったことに加え、ルトゥフッラー氏が孤児であることが考慮され、合格したのであった。実際には入学年齢の規定は18歳以上だったが、マドラサの先生が機転を利かせてルトゥフッラー氏の年齢を18歳として当局に報告し、入学が認められたという裏話がある。中国イスラム教学院といえば、中国で最高学府のイスラムの高等学院である。北京に旅立つ前に、新入生に真新しい布団一式が支給され、頭にはまっ白なターバンを巻き、北京へと旅立つことになった。前年にも第一陣として、20人のウイグルの学生が北京に派遣され、ルトゥフッラー氏の時は、第二陣であった。党員や政府関係者、そしてルトゥフッラー氏を含めたウイグルの学生20人とナンを焼く職人ひとりの一行が、北京へ向かった。新疆から約半月かけてたどり着いた北京は、まさに外国だったという。そもそも、新疆から外に出て、それまで接したことのなかった漢族が多く住む地域にやってきたこと自体、信じられないことだったという。

学校に到着するとまず人民服と日用品が支給され、初めて人民服にそでを通した。1学年の学生数は回族120人、ウイグル20人だった。初めの頃は、回族学院（現回民中学）の中に併設されていたが、その後、中国イスラム教学院の新校舎が完成した。授業ではクルアーン、タフスィール、ハディース、フィクフ、イスラムの歴史、中国の歴史、中国政治、アラビア語、漢語を学んでいた。アラビア語の先生は、エジプトから2人ずつ1年交代で来ていたが、2年間のみだった。

北京ではより高いレベルの授業が受けられると期待していたものの、授業

の進め方の遅さやレベルの低さに失望したという。そもそも、タリーカについて学ぶ機会はなかった。年を経るごとにだんだんとイスラムについて学びづらい環境になっていった。中国政治の先生は、初めの頃は「中国は社会主義の国であるとはいっても、あなたたちはムスリムなので礼拝をしなければいけない」とムスリムを尊重していたが、授業の回を重ねるにつれ「いまだに礼拝をしているのは、あなたたちの考え方が遅れているからだ」とムスリムに対し否定的な発言をするようになった。しかし、中国政治の先生の発言とは裏腹に、学校の校舎には「五行はムスリムの基本である」と標語が堂々と掲げられ、中国政治の先生と学校の主張のギャップが面白かったことを記憶しているという。学校がこのようにムスリムの義務を堂々と掲げていたことにより、学生は礼拝することが出来ていた。

　中国政治の先生の発言がエスカレートしていったように、学生もまた次第に左傾化した政治運動に巻き込まれていた。1957年から反右派闘争がはじまった。学校では先生同士、学生同士で批判していった。学生が批判している内容は、例えば食事の配給が少ないと不平をいったことが共産党の政策を批判しているとか、たわいもない内容だった。確かにその頃、食事は配給制で1カ月に1人当たり、小麦粉・米あわせて7.5キログラム、肉500グラム、砂糖250グラム、油500グラムとわずかだった。配給の量も少ないうえ、ナンの職人は新疆に戻され、ムスリム用に用意された食事といっても、回族の味付けの中華料理ばかりで口にあわなかった。こうした不満をうっかり口にしようものなら、批判の対象となるのでひたすら我慢をしていたという。

　1958年から始まった大躍進政策では、学校で大きな釜を使って鉄を作っていた。それが数カ月間続いた。エジプトから来た先生は、さすがにそれには参加していなかったが、その他は先生、学生とも全員参加していた。24時間ずっと釜の「お守」をするために、当番制だった。

　その他、義務労働に参加したが、これが本当に大変だったようである。ちょうど1958年から中国建国10周年を記念して十大建築[6]の建設が始まった頃だった。ルトゥフッラー氏ら学生は、学校からほど近い人民大会堂の建設に10日間、その他、北京市内の三里河にある回族の墓の移動や十三陵ダムの建設に「労働者」として従事した。回族の墓では、頭蓋骨をひとつ発見

したら6元もらうことができ、いくら掘っても頭が出てこない日があった。

　最も過酷だったのは、十三陵ダムでの義務労働であったという。極寒の1月に行われた。配給された厚い綿のコートを着て、建設用の石材を運ぶ作業だった。真冬の凍てついた強風が吹き荒れるなか、その強風とともに飛んできた大小の石がルトゥフッラー氏の顔や頭に当たって、とても痛かったことを記憶している。このように過酷な労働だったが、当時は、漢族もウイグルも国家建設のために互いに励まし合いながら団結していた。そして、当時の共産党や政府の幹部は、どんな些細なことでも良いところを見つけ、民族を問わず学生を褒め励ましてくれていたという。またムスリムの食事のために、学校から調理師が派遣されるなど一定の配慮がなされていた。このようにルトゥフッラー氏は「中国人」の一員として労働に参加していたが、北京ではまだまだ少数民族が珍しく、ほぼ外国人扱いだったという。

　少数民族の学生が大部分を占める中国イスラム教学院では、外出する時は、民族衣装を着なければならないという校則があった。民族衣装は、学校から支給されていた。ルトゥフッラー氏がウイグルの民族衣装を着て校外に出ると、一般の人から「外国人だ！」、「少数民族だ！」と大騒ぎされ、注目の的であったという。時には、お店の人が「遠いところからよく来たね」とわざわざお茶をいれて歓待してくれた。ルトゥフッラー氏は、北京でこのような日々を過ごすうちに、暖かく迎えてくれた北京の人々に親近感を抱くとともに、自分は少数民族なのだという自覚も芽生えてきたという。

　ルトゥフッラー氏は、中国イスラム教学院では「ムスリム」として宗教教育を受けながら、「中国人」として反右派闘争や大躍進政策、義務労働など宗教教育とは無関係な政治運動に巻き込まれていった。当時の共産党や政府は、北京にムスリムを集めて宗教と政治の教育をしつつ、ムスリムを改造しようとしていたのだとルトゥフッラー氏は述懐する。そのような状況のなかで、当時のルトゥフッラー氏は、国家のために貢献すべきだという強い使命感に満ちていたという。

(2) 信仰を秘して生きる

　北京での5年間の学生生活を終え、1960年に中国イスラム教学院を卒業

した。卒業時には、学校から視察旅行が組織され、製鉄所や紡績工場など大規模工場を1カ月かけて見学した。その後、ウルムチ市にある政府機関に配属された。中国のイスラムの最高学府を卒業したにもかかわらず、イスラムとは無縁の配属先だった。しかし、宗教指導者になれなかったからといって、落胆はしなかった。逆に宗教指導者にならず、命拾いをしたと思ったという。なぜなら、当時（1960年代）はすでに宗教そのものを敵対的にみる風潮にあり、宗教指導者は共産党と信徒の板ばさみになっていたからである。ルトゥフッラー氏の配属先の大多数は漢族で占められ、ルトゥフッラー氏はそこでウイグル語から漢語への膨大な量の文献資料を翻訳していた。

　こうした政治状況のなかで、とてもショックな出来事があった。それは、政治教育に関する展覧会を参観した時のことであった。いろいろな政治的な改革のパネル展示のなかに、なんと、かつてルトゥフッラー氏が学んだマドラサが閉鎖され、尊敬していたシャイフが労働改造[7]に処せられたことを知らせる展示があり、愕然としたという。ルトゥフッラー氏は、そのパネルを目に焼き付けつつも、その場では平静を保つよりほかなかったという。もう、宗教に対して、このようなご時世になってしまったのだと自覚したのだという。

　ちょうどこの頃、新疆全体に飢饉が起こり、皆が生きていくことに必死になった。ある恐ろしい噂がウイグルのあいだで蔓延していた。それは「子供を外に出すのはもってのほか。大人ひとりでさえも外を歩いては危険。なぜなら、漢族が人を食べるから」という噂だった。当時はそんな噂が出るほど大きな飢饉が新疆を襲い、皆ひどく餓えていた。ルトゥフッラー氏も他のウイグルと同様にこの噂を信じていた。ルトゥフッラー氏の職場の大部分は漢族だったので、いつか自分も食べられると恐れていた。それで漢族に食べられないように、ウイグルが多く住むカシュガル専区[8]に配置転換を願い出たのだった。

　カシュガル専区に配置転換されると、社会主義教育運動[9]の通訳・翻訳者として1年間ある県政府に派遣された。ルトゥフッラー氏は県政府の事務室で勤務していたため、実際の人民公社の様子を知らない。ルトゥフッラー氏はいつも県政府の食堂で食事をとっており、人民公社の社員が食べていた大

鍋飯がどのようなものかも知らないという。ルトゥフッラー氏の仕事は、人民公社から県政府に上げられたウイグル語の資料を他の職員が漢語に翻訳し、それを最終点検することだった。資料は、人民公社の幹部が私腹を肥やし批判されたという内容だった。その他、ある社員の恋人同士が結婚しようと大隊長に申請したところ、大隊長もその娘に惚れていたため、社員の若い男を遠方に長期的に出張させ、結婚を妨害したなどといった私的ないざこざも含まれていたという。この時の仕事はとても楽で、1週間に半日ほどルトゥフッラー氏に回された翻訳の点検をして、それで終わりだった。

　1966年から1976年まで続いた文化大革命の期間は、カシュガル市にいた。カシュガル市では、特に初期の3年間（1966年–1968年）は悲惨だった。その頃は、鄧小平や劉少奇の改革を支持する実権派と毛沢東を支持する造反派、そしてルトゥフッラー氏のようにそのどちらにも属さない人たちの3つにグループが大別されていた。実権派と造反派のなかでも、それぞれ複数のグループに細分化されていた。このような状況のもと、両派の抗争が次第に激化した。漢族もウイグルも共に政治闘争のなかで命を失い、死体となって幾重にも積み重ねられ、山を成していった。時には、その死体を積んだトラックが街中を徘徊し、死体から体液がポタポタと道に落ちるほどだった。なぜ死体を積んで街中を徘徊したのかというと、自分たちの派閥の仲間の被害を大勢の人に見せて、敵対勢力の不当性を訴えるためであった。とりわけ1967年8月に発生[10]したカシュガル市委員会、カシュガル市政府ビルの放火事件の前後2カ月間は凄惨を極めた。造反派に属するグループが、カシュガル市委員会、カシュガル市政府にいる実権派のグループを攻撃するために放火したのだった。その結果、カシュガル市内は無政府状態と化した。この2カ月間、カシュガル市民の誰もが、両派のグループに殺されるかもしれないと怯えていた。夜になるとその恐怖はさらに増幅し、いつ寝込みを襲われ、殺されるかもしれないとみな屋上で寝るほどだった。屋上で寝ていれば、とっさの時に四方に飛び降り逃げられるからである。当時、ルトゥフッラー氏も屋上で寝ており、右手に金づちをひもで巻きつけて固定し自衛していた。このように文化大革命は、漢族もウイグルも一緒になって展開していったのである。

　ところが、ある行為だけはウイグルのみが行っていたという。それは、クルアーンなど宗教書の焚書であった。この行為だけは、さすがの漢族も現地ウイグルの感情に配慮し、手が出せなかったのだという。実際にルトゥフッラー氏は、エイティガルモスクの前の広場で、ウイグルの若者らによって3日間連続して行われたクルアーンなどの宗教書の焚書を目にしている。この宗教書は、モスクや民家に入って略奪してきたものであった。モスクやマザールの破壊もあったと聞いているが、どのモスクやマザールが破壊されたのかは記憶にない。また、宗教指導者が糾弾されたり、生き埋めにされたりしたという噂を耳にしたが、実際に目にしたことはないという。カシュガル市内は農村部に比べて、宗教施設の破壊行為は限られていたと推測する。さらにルトゥフッラー氏は、カシュガル市は都市部なので、住民の文化財保護や信仰の自由に対する法律知識が高いことから、大きな被害を免れたと推測している。また、文化大革命期においても、法律自体は有効だったので、信教の自由はある程度守られ、常に開いているモスクもあったようである。事実、年配の人たちはモスクで礼拝をしていたという。とはいえ、ルトゥフッラー氏は政府幹部だったので、モスクには一切行かなかった。ホージャ・アーファーク[11]のマザールには週に一度は訪れ、心の中でクルアーンを朗唱していた。

　職場の状況は次のようであった。当時のルトゥフッラー氏は、はじめはカシュガル地区の政府機関に、そしてイェンギサル県の五・七幹部学校[12]、医療関係施設、および師範学校などに配属されていた。漢族もウイグルも皆、毛沢東語録を覚えなければならなかった。ルトゥフッラー氏としては、このご時世だから仕方がないと思ってやっていたようである。毎朝、漢族の幹部とウイグルの幹部が毛沢東の肖像画に向かって現状を報告していた。中国は、唯物主義のはずだったが、毛沢東を崇拝する唯心主義に「後退」していた。政府が革命委員会に占拠された頃、ルトゥフッラー氏はイェンギサル県の五・七幹部学校に送られ、そこで1年半過ごした。幹部学校といっても名ばかりで、要するに革命委員会がカシュガル地区の幹部職員を軟禁する場所であった。「学校」には数百人のルトゥフッラー氏のような「生徒」がいたという。「学校」といっても建設途中だったため、「生徒」総出で「学校」の

建設に従事していたのだった。その「学校」でルトゥフッラー氏は1日中、壁に泥を塗っていた。この頃は、いつここから出られるのか、この先どうなっていくのか、まったく見当がつかなかったという。苦境に陥った時だからこそ、ルトゥフッラー氏は休憩時間に目を閉じて、心の中でズィクルを唱えていた。そんなルトゥフッラー氏の姿をみた「同級生」は、ルトゥフッラー氏のことをよく居眠りをする人だと勘違いしていたようである。

　そのほか、職場ではたびたび批判大会があった。ルトゥフッラー氏は通訳・翻訳専門の職員だったことから、外国のラジオを隠れて聞いているとあらぬ疑いをかけられ、批判されていた。時おり批判する側から、ウイグル語・漢語の通訳要員としてかり出されることもあった。通訳をしなくてもよい批判大会では、風邪だと偽りマスクをして出席することもしばしばあった。批判大会で発言を避けるためのカモフラージュである。批判大会に出席しつつも、マスクの下では声を出さずに舌だけを動かして「アッラー、アッラー」「ラー・イラーハ・イッラッラー、ムハンマド・ラスールッラー（アッラー以外に神はなし、ムハンマドはアッラーの使徒である）」、「スブハーナッラー（アッラーの栄光に讃えあれ）」などズィクルを唱えていた。

　なぜなら、参加したくもない辛い批判大会で、せめて意識だけでもアッラーへと集中させたかったからである。このような日常だったので、1日5回の礼拝をすることさえ不可能だった。職員用宿舎の相部屋に住んでいた頃、ルトゥフッラー氏は就寝時の消灯後に、頭から布団をすっぽりかぶり、心のなかで礼拝をするよりほかなかったという。

　文化大革命が始まり6年たった1972年頃からは、少しずつ変化の兆しがみえてきた。経済が徐々に自由化され、暮らしが楽になっていった。現金で買える物も増えた。宗教的な活動については、このようなことも可能になった。

　ルトゥフッラー氏がウルムチに出張に行った時のことだった。以前、在学していたマドラサのシャイフの弟子のシャイフを中心としたタリーカの集会に参加することができた。タリーカの仲間ムリードがシャイフとルトゥフッラー氏を囲んで座り、沈黙のズィクルを唱えていた。その後、シャイフの訓戒を聴きながら、皆でそれぞれ自分の体験談や考えなどを話した。その集会

では、ルトゥフッラー氏は政府幹部の服装をし、ルトゥフッラー氏の横の
シャイフやタリーカの仲間たちは、宗教的な服装をしていた。もうこの頃に
は、彼らは宗教的なその恰好で街を堂々と歩くことができるようになってい
たようである。文化大革命の後期になるにつれて、このように宗教的な活動
が公然化していった。もしルトゥフッラー氏がこうした活動に参加している
ところを当局に見つかったとしても、ルトゥフッラー氏はカシュガル地区に
属する政府幹部であり、ウルムチ市は所轄外だったので、それほど問題には
ならなかったという。

　文化大革命の後半期に、ルトゥフッラー氏の職場はカシュガル地区の医療
関係施設へと異動になった。ルトゥフッラー氏はそこで、ウイグル語で書か
れた医学資料を漢語に翻訳したり、会議の通訳をしたりしていた。もともと
医学に関心を持っていたので、ルトゥフッラー氏は医学資料を翻訳しつつ、
ウイグルの伝統医学について学んだ。その時は、まさかここで学んだウイグ
ル伝統医学の知識が、のちに外国でルトゥフッラー氏の経済的な支えになろ
うとは思いも寄らなかった。

　私生活においては、ルトゥフッラー氏は1960年代に結婚をした。ルトゥ
フッラー氏が結婚した時は、政府へ婚姻登録をしたあと、イマームを招いて
シャリーアに則った結婚（ニカー）を行うという順序だった。ルトゥフッ
ラー氏と同様、1960年代、70年代の政府幹部や党員同士の結婚は、ほとん
どがイマームを呼んでニカーをしていた。結婚でイマームを招いてニカーを
行うことは、宗教行為というより民族風習であるとみなされ、容認されてい
た。なぜなら、ウイグル社会では、ニカーを行わないと正式に結婚したとは
認められないからであった。なかには、政府への婚姻登録のみ行う政府幹部
や党員もいたが、それはごく少数であったようである。

2. 中国からトルコへ

(1)「文革による汚れ」の浄化、改革開放による覚醒

　改革開放が始まると、徐々に世の中が変わり始めた。こうした変化のなか
で、ルトゥフッラー氏の心の中には、これまでの自分の人生にひと区切りを

つけたい、という思いが沸々と湧いてきた。メッカ巡礼を果たし、すべてを浄化したくなったのである。なぜなら、これまでのルトゥフッラー氏は、政府幹部であったためにムスリムとしての義務を十分に果たせて来なかった。信仰心の高まりが一気に噴き出したのである。そのうえ、当時、中国はまさに外国に門戸を開けようとしていた。この機会を逃すと、再び中国の政策が転換され、身動きがとれなくなるかもしれないと危惧した。それで、さっそくルトゥフッラー氏は、メッカ巡礼の資金を稼ぐために一計を案じた。これからは、外国語の需要が増えるだろうと予想し、まず、アラビア語、漢語、ウイグル語の 3 つの言語を対比させた教科書を執筆した。つぎに 1 台の印刷機を購入し教科書を印刷し製本した。そして、ルトゥフッラー氏が政府幹部であることを利用して、まわりの政府関係者に自作した教科書を無料で配りながら、アラビア語学習の重要性について説いて回った。結果、政府関係者から理解が得られ、半官半民のアラビア語学校の開校が許可された。学校には教育関係者や商人が学びに来ていた。授業では、あらぬ噂をたてられないよう、宗教的な表現を用いた例文で解説しないよう細心の注意を払っていた。こうして、ルトゥフッラー氏はその学校で教鞭をとりつつ、自作した教科書を販売して、メッカ巡礼のための資金を貯めた。

　うれしいことに、2 年近くで十分な資金が貯まった。それで、さっそくルトゥフッラー氏は妻に一緒にメッカ巡礼をしようと話した。ところが、妻はルトゥフッラー氏の期待とは裏腹に、毎月 55 元の安定した給料が入るうえ、両親も反対するし、メッカ巡礼に行ってその後どうするつもりなのかという始末だった。妻は普段から、イスラムには無関心で礼拝もしなかったので、メッカ巡礼に全く興味を示してくれなかった。行動するなら今しかないのに、妻はルトゥフッラー氏の気持ちを理解しようとしなかった。ルトゥフッラー氏は途方に暮れて、ある聖者のところへ思い切って相談に行ったという。妻との今後のこと、そして、自分はこういう状況でメッカ巡礼に行けるのか、そして行ってよいものなのかと聖者に尋ねた。なぜなら、ルトゥフッラー氏は妻を愛していたし、何よりも結婚とは、アッラーによって決められたことなので、妻に対して無責任な行動をとるべきではないと考えていたからであった。

　聖者はルトゥフッラー氏の相談を聞き、数日後、ルトゥフッラー氏を呼んでこういった。「私がみた夢はこうでした。あなたと奥さんは、大きな壁に囲まれている部屋にいた。その部屋の奥には、人がひとり通れるくらいの小さな扉があった。あなたは、先にその扉を開け、ひとりでその扉の中に入っていった。しかし、あなたの奥さんは、あなたが通った扉を通ることを拒み、そのまま部屋にいた。これはつまり、アッラーはあなたと奥さんを結婚させはしたが、これからは、あなたと奥さんに別々の道を歩ませようとなさっている。アッラーは、あなたが奥さんを置いて出国することをお赦しになるであろう。そして、あなたはひとりで出国することになるであろう」。ルトゥフッラー氏は、その聖者のことばによって、肩の荷が下りると同時に、出国への後押しを得ることができたのである。

　たしかに、その後、聖者の夢のとおり、妻はルトゥフッラー氏に愛想を尽かして、自分から家を出ていった。自由の身になったルトゥフッラー氏は、すぐさま出国の準備をすすめた。パスポートを取得するまでの流れはこうだった。一般的にウイグルが、身近な国といってまず思いつく国はトルコである。当時は、中国とサウディアラビア間に国交がなかったので、ルトゥフッラー氏は、北京のトルコ大使館に手紙を書いた。それはごく簡単な内容である。漢語で「私はトルコに行って、トルコの兄弟（トルコ人）に会ってみたい。トルコに行くためにはどうすればよいですか」とわずか２行の手紙だった。宛先は、住所が分からなかったので、ただ「北京市トルコ大使館」と書いた。当時の郵便局では、外国機関に送る手紙は、検閲される恐れがあったので、あらぬ疑いを避けるために、あえて短く簡単な内容にしたのである。

　しばらくするとトルコ大使館から返事が来た。その返事の内容もまたごく簡単で「トルコのビザを取得するためには、まずパスポートを用意してください」という内容だった。さっそく、ルトゥフッラー氏は、トルコ大使館から来た手紙を携えて、職場の上司を訪ねた。上司には「親戚訪問」ということにして、パスポート申請の許可を願い出た。当時は、外国機関からの手紙は何よりも効力を有し、上司はトルコ大使館がパスポートを申請しろといっていると勘違いし、パスポート申請を許可してくれた。続いて、その許可さ

れた書類をもとにカシュガルの公安局で働いている知人を頼り、公安局から
パスポート申請の許可をもらった。こうして、ルトゥフッラー氏はパスポー
ト申請のための書類を整えた。そして、ウルムチの公安局にパスポート申請
の書類とトルコ大使館の手紙をつけて提出したのである。

　ルトゥフッラー氏はこの間、まさにアッラーが自分をお守り下さったと実
感したようである。ちょうどウルムチでパスポートの申請をした直後に、職
場が医療関係施設からアラビア語教師としてある学校に移動になった。もし
ルトゥフッラー氏がアラビア語教師の身分で学校にパスポート申請の許可を
願い出ていたら、まず許可されなかっただろう。なぜなら、外国語教師が出
国することは、諜報活動などを疑われて警戒されるからである。幸い学校の
職員らは、前の職場でルトゥフッラー氏がパスポートを申請中だということ
を知らなかった。そんなルトゥフッラー氏は、パスポートの発行を今か今か
と待ちわびつつ、学校で来学期から初めて開講されるアラビア語授業の準備
をしていたのであった。パスポートの申請から1年後、ようやくウルムチの
公安局よりパスポートが発行された。出発の時が来た。さっそく、アラビア
語学校で蓄えた「軍資金」2200元[13]を携え、大量の麦こがしの保存食タル
カンをカバンに詰め、北京へと向かった。

　かつて少年時代を過ごした北京は、人も街もすっかり変わっていた。さっ
そく、トルコ大使館を訪れビザの申請をした。トルコ大使館は、その場で
あっさりと観光ビザを発給してくれた。しかし、北京からトルコ経由でサウ
ディアラビアに行くことはあまり現実的ではなかった。それで、サウディア
ラビアの隣国イラクに行けば、何とかなるのではないかと思い、イラクの大
使館と連絡をとった。ところが、イラク大使館から、ちょうどイラン・イラ
ク戦争が開戦し、ビザの発行ができないと断られてしまった。何とかして北
京から直接サウディアラビアに渡航できる方法はないものかと気持ちは焦る
ばかりだった。

　思わぬところでチャンスはやって来た。それは、北京市内の東四モスクで
礼拝をしている時のことだった。ふと顔をあげると礼拝をしている人のなか
に、外国人を目にした。そこで、思いきってルトゥフッラー氏はその外国人
にアラビア語で話しかけてみた。するとその人は、リビアの大使だった。そ

の大使にハッジに行きたい旨を伝えた。すると、なんとその大使は、大使館ルートを通じて、航空券を手配してくれるという。結局、大使館ルートで北京からパキスタン経由で サウディアラビア行きの航空券を購入することができた。航空券代は、全財産の半分で約 1200 元だった。

　出国は 1980 年だった。北京首都空港に着くと、そこは中国のような外国のような不思議な感覚に包まれていた。出国検査官の前で、パスポートと航空券を提示した時、本当にこれで出国できるのか不安で、ただ黙って立っているだけで精一杯だったという。出国検査官は、そんなルトゥフッラー氏の気持ちなどおかまいなしに、パスポートと航空券の中身を確認もせず、ただ機械的にパスポートに出国スタンプをポンと押したのだ。なんともあっけない出国の瞬間だった。いよいよ飛行機に搭乗した。ルトゥフッラー氏は、飛行機が離陸したにもかかわらず、誰かが自分を捕まえに追いかけて来るのではないかと、気が気でならなかった。パキスタンでサウディアラビア行きの飛行機に乗り換え、パキスタンのメッカ巡礼団と一緒にサウディアラビアに向かった。パキスタンを離陸した時にようやく、これで本当にメッカ巡礼に行けるのだという実感が湧き、興奮と安堵で感涙したのだった。

(2)　期待と失望のサウディアラビア

　ようやくサウディアラビアの空港に着いた。飛行機で一緒だったパキスタン人はみなメッカ巡礼のビザを取得しており、次々と入国していった。ところが、ルトゥフッラー氏はメッカ巡礼のビザを取得しておらず、入国審査を前にして茫然と突っ立っていた。メッカ巡礼は、もう目の前まで来ていた。ここで怯むわけにはいかなかった。ルトゥフッラー氏は入国審査に行き、メッカ巡礼のために来た旨をアラビア語で伝えた。すると現地の入国審査官は、国交のない中国ムスリムが、メッカ巡礼でサウディアラビアに来て、しかもアラビア語を話していると驚いた。ルトゥフッラー氏の入国は一旦保留にされ、空港でひと晩を明かした。中国を離れてしまった以上、ルトゥフッラー氏はもう後戻りできなかった。すべてはメッカ巡礼のためにここまで来たのだ、という一念だったという。空港で迎えた明くる日、晴れて入国が許可された。その時は、サウディアラビアに 7 年間も滞在することになろうと

は予想だにしなかった。メッカでは、自分の目の前で繰り広げられる光景
が、まるで夢のようだった。ルトゥフッラー氏は、世界のムスリム兄弟のひ
とりなのだと強く実感したという。そこには、国籍は関係なかった。公明正
大に宗教実践ができるサウディアラビアは、さすがであると感心した。これ
でやっとムスリムとして生きられるという興奮がみなぎっていたのである。

　さっそくルトゥフッラー氏は、これまで新疆では出来なかったことを始め
た。あご髭を伸ばし始めたのだ。そして、イスラムをより深く学ぶため、サ
ウディアラビアに留まることにし、現地の人から高校の成人クラスの入学を
紹介してもらった。しかし、ルトゥフッラー氏は、学生ビザで入国していな
かったために、第三国で学生ビザを取得し、学生の身分でサウディアラビア
に再入国しなければならなかった。さっそく隣国のヨルダンに行きサウディ
アラビア大使館で学生ビザの申請をした。ところが、すぐにビザを発行して
もらえず、ヨルダンに長期的に滞在せざるを得なくなった。

　ヨルダンで過ごしていると自然にタリーカの知り合いができた。その人か
ら宗務庁のイマーム採用試験を紹介され、受験することになった。受験者は
ルトゥフッラー氏とエジプト人の2人だった。試験は、クルアーンの朗誦と
簡単な面接で、まずエジプト人のクルアーンの朗唱から始まった。彼はエジ
プト人といえども、朗唱があまりにも酷く、試験官が途中で怒り出し、その
エジプト人を殴るほどだった。試験の結果、見事、ルトゥフッラー氏がイ
マームに採用され、小さなモスクに従事することになった。ここでようや
く、かつてヤルカンドと北京で学んだことが、実を結んだ。こうしてヨルダ
ンでイマームとして数カ月過ごした後、サウディアラビア大使館から学生ビ
ザが発行され、晴れて学生の身分で再入国した。30代半ばにして高校の成
人クラスに入学し、その後マディーナのイスラム大学シャリーア学部に入学
した。サウディアラビアでの生活は、衣食住すべて無料だったが、今後のこ
とも考えて、車の運転や修理、配電工、ラジオ局でアラビア語から漢語への
翻訳・通訳、漢語の放送員など何でも従事したようである。なかでも、現地
の人から頼りにされたのは、かつて新疆で学んだウイグル伝統医学に基づい
た健康相談だった。心臓病、不妊、虚弱体質など何でも相談にのった。

　このようにサウディアラビアで日々を重ねるにつれ、次第にサウディアラ

ビアのイスラムの教えに違和感を覚えるようになっていった。サウディアラ
ビアの国教であるワッハーブ主義に対する違和感だった。新疆にいた頃やサ
ウディアラビアに来たばかりの頃は、サウディアラビアのイスラムを手本に
すべきだと思っていたのである。そもそも、ルトゥフッラー氏は、サウディ
アラビアのイスラムは、ウイグル社会のイスラムと同様であると思ってい
た。ところが、実際、サウディアラビアに住むと、どうやらサウディアラビ
アの人たちは、ワッハーブ主義に属する人たちであり、ウイグルの信仰して
いるイスラムとは違うということに気づかされた。とりわけ「魂」の存在を
否定しているところに違和感を覚えたようである。ウイグルは、人は肉体が
滅んでも「魂」は人々のそばに存在し続けると考えている。なかでも、聖者
は大切な存在である。ウイグルは、日々の暮らしの中で、いかんともしがた
い問題に直面した時、聖者を頼る。そして、聖者は肉体が滅んでからもなお
「魂」として人々を助ける力を持つとされ、聖者が埋葬されているマザール
を大切にし、願かけにも行く。そして、自分自身は自らの「魂」を浄化する
ために、タリーカで修練するのである。

　ところが、サウディアラビアの人にこのような話をすると一笑された。特
に聖者の話をすると、そんなことはありえないと完全否定された。同じイス
ラムでも、サウディアラビアと新疆とでは、大きく異なることが分かったか
らである。とはいっても、サウディアラビアにタリーカが全くないというわ
けではなかった。秘密のタリーカの集まりがあった。タリーカの仲間と修練
場（主に個人宅）に行く時、互いに話をせず目と目だけで会話をして、沈黙
のまま車に乗り込み修練場へと向かうのである。サウディアラビアでは、
スーフィー教団への反感が強く、警戒しつつ修練していた。

　また、サウディアラビアでは、次のような違和感もあった。それは、サウ
ディアラビアに住むウイグルに対してである。彼らは、共産党が新疆に進軍
してきた時、新疆からサウディアラビアに亡命した人たちであった。ルトゥ
フッラー氏は、サウディアラビアに住んでいるウイグルを新疆出身の同郷人
だと思い接していた。しかし、彼らはホタン、カシュガルなど出身地別にグ
ループを作り、新疆から来たという意識が希薄だったのである。しかも、彼
らは他の出身地のグループと仲が悪く、互いに警戒しあっていた。せっかく

新疆から出てきたウイグルなのに、サウディアラビアに来てまで団結できていないウイグル社会に失望した。ルトゥフッラー氏は、よっぽど新疆にいるウイグルの方が、互いに信頼し団結し、よい人間関係を築いていると思ったようである。その一方で、新疆から来たウイグルとサウディアラビアのウイグルの間でこんなことがあった。1982年頃から徐々に新疆から個人のメッカ巡礼者が増えてきた。ルトゥフッラー氏とサウディアラビア在住のウイグルは、メッカ巡礼に来たウイグルのためにテントを張り、食事をふるまっていた。その時、新疆のウイグルときたら、用意していたポロ（ウイグル風炊き込みごはん）をもらおうと並ばずに、押し合いへし合いの争奪戦となり、あげくの果てにポロをめぐって殴り合いのケンカになった。この状況を目にしたサウディアラビアのウイグルが「こんなモラルのないウイグルを統治しなければいけない共産党に同情するよ」とあまりのウイグルのマナーの悪さに呆れ返っていたという。

　結局、サウディアラビアには1987年までの7年間滞在した。サウディアラビアを離れるきっかけは、イスラム大学で知り合ったトルコ人との出会いだった。彼がルトゥフッラー氏に「ドイツにいるトルコ系移民のために宗教指導者としてドイツに渡ってみる気はないか」と話を持ち掛けてきたのである。彼は、トルコの「ミッリー・ギョルシュ」[14]に属する人で、ルトゥフッラー氏にドイツ在住のトルコ系移民にイスラムの教義を教えてほしいとのことであった。その誘いに対しルトゥフッラー氏は、ドイツで自分を必要としている人がいるならば、ドイツに行ってみるのもいいかなと、さして大きな不安も抱かず、何とかなるだろうという思いでドイツに渡ることにした。

(3)　ドイツで発見したイスラム共同体

　ドイツに渡ったのは、冷戦崩壊前の1987年のことだった。サウディアラビアからドイツへは、「通行証」[15]で入国した。ドイツではフランクフルトに滞在していた。はじめてヨーロッパの地に足を踏み入れて衝撃を受けたのは、男女が人前で抱擁していることだったという。また、ミニスカートをはいて街を闊歩している女性がいるかと思えばムスリマ（イスラム教徒の女性）と変わらない恰好をした修道女がおり、その極端さに驚いた。ルトゥフッ

ラー氏も男性である。露出度の高い恰好をした女性を目にして、ムスリムと
して婚姻関係を結んでいない女性に心が奪われないよう、自制するのに大変
だったようである。

　トルコ系組織「ミッリー・ギョルシュ」は、トルコ系移民のための宗教や
その他生活全般に関するよろず相談所としての役割を担っていた。ルトゥ
フッラー氏が担当した「ミッリー・ギョルシュ」のマスジドは、ビルの一室
にあった。トルコ人はもとより、スーダン人、ソマリア人などムスリムが国
籍を問わず、常時20人から30人ほど出入りしていた。ウイグルは、ルトゥ
フッラー氏のほかに1人おり、彼はドイツで商売をしていたという。金曜礼
拝では、ルトゥフッラー氏が説教の内容を考え、トルコ語とアラビア語を交
えて講話していた。信徒のなかには、ドイツ社会に馴染めない者が多く、同
組織の活動を心の拠り所としていた。また、ドイツで生まれ育ったトルコ人
でさえ、ドイツ社会になかなか溶け込めないでいた。そうしたトルコ人は全
くイスラムのことを知らなかった。親もさほど詳しくない状況のなかで、
「自分が死んだ後はいったい誰が自分の葬式を取り仕切ってくれるのか」と
涙ながらに不安を訴えてくる信徒も多数いたようである。したがって、ル
トゥフッラー氏は、子供に対する宗教教育にも力を入れていた。しかしなが
ら、残念なことにこの組織もサウディアラビアと同様、スーフィズムの話が
できる雰囲気ではなかった。本当は、タリーカの大切さや聖者などについて
説きたかった。ルトゥフッラー氏はこの組織に属していたが、組織から金銭
的な物は一切受け取っていない。なぜなら、新疆にいた頃のように、組織に
属して給料を得るかわりに自分の生活や思考が縛られることを避けたかった
からである。それで、サウディアラビアにいる時に蓄えたお金とドイツのム
スリム移民やドイツ人の健康相談にのることで収入を得て生活していた。ド
イツ語は全く分からなかったが、普段は、組織のトルコ人をはじめムスリム
とのつき合いが中心だったので、トルコ語かアラビア語で事足りていたとい
う。

　ようやくドイツでの生活に慣れてきたところだったが、ドイツでの長期滞
在の居留許可証が下りず、結局、ドイツを離れざるを得なくなった。そこ
で、今回も新疆にいた時と同様に、困った時のトルコ大使館とばかりに、ド

イツのトルコ大使館に観光ビザの申請をした。ところがなんと、前回の中国の時とは違いドイツのトルコ大使館は、ビザ申請の受理を拒否した。理由はルトゥフッラー氏があご髭をはやしているからだった。トルコ大使館から「あなたのようにあご髭を蓄えている人物は宗教的に偏った人物なので、入国させることはできない」といわれた。ルトゥフッラー氏自身、中身は何も変わっていないのに、外見上の判断でビザ申請の受理を拒否されてしまったのである。ルトゥフッラー氏は、トルコはムスリムが多く住み、また同じテュルク系民族の国であるのに、あご髭のことでなぜこのような態度に出るのかと戸惑ったという。

　ドイツのトルコ大使館では、あご髭をはやしているからという理由で、申請自体を突き返されたわけだが、だからといって、ルトゥフッラー氏は、あご髭を剃ろうとは思わなかったという。ならば、行き先を変えて中国の友好国であるパキスタン大使館で観光ビザを申請しようと考えた。予想したとおり、パキスタン大使館からはビザが簡単に発給され、晴れて次の行き先が決まった。1年間のドイツ滞在であった。

(4) 治安の悪さに怯える日々
　結局、パキスタンには、1988年から1990年にトルコに渡航するまでの2年間滞在した。パキスタンは、気候的にも文化的にも新疆と似ているために特に目新しいことはなかった。パキスタンでは、現地で知り合った複数のウイグルとともに絹の商売で糊口をしのいでいた。中国とパキスタンの国境のギルギッドから、カラチまで絹を運んで売る商売だった。一往復するごとに500ドルの利益を得た。しかし、現地の治安の悪さに悩まされたことから、ここも永遠の亡命先とはならなかった。当時のパキスタンは、法治国家とはいえ、現地の警察は傍若無人な態度で職権を乱用していた。昼間は善良な警察官であっても、夜は強盗に加担していた。さらに現地の警察官は、パキスタン国籍のウイグルに対して身分証の提示を求め、その身分証が本物であっても偽造だと難癖をつけ、その場で賄賂の提供に応じないウイグルを警察署で拘留するということがあった。パキスタン国籍を取得したウイグルでさえ不安定な状態なのに、パキスタン国籍のないルトゥフッラー氏はいったいど

うなるのか、警察に拘留されるだけですむのかという不安がつきまとい、パキスタンを離れることになった。

　こうした状況で、またトルコに頼らざるを得なかった。かつてドイツのトルコ大使館で、ルトゥッフラー氏のあご髭をなじられビザ申請の受理を拒否された苦い経験があるが、それでもトルコはウイグルと宗教的にも民族的にも同じ人たちが住む国で、最終的には何とか助けてくれるのではないかという思いがあった。それで、パキスタンのトルコ大使館を訪ね、観光ビザを申請したのである。結果、トルコ大使館からビザが発給され、1990年にトルコ渡航へとこぎつけることができた。そして、今日ではルトゥッフラー氏はトルコ人としてトルコに住んでいる。

3.　トルコでディアスポラとして生きる

　ルトゥッフラー氏がトルコに亡命して、はや30年近くが過ぎようとしている。ルトゥッフラー氏は、ウイグルとトルコ人は、文化的に大差なく、トルコ人の話す時のしぐさやことば、そしてものの考え方など70%くらいは同じだと感じている。最近トルコでは、行き過ぎた政教分離政策（ライクリッキ、laiklik）の見直しが行われ、イスラム復興が進んでいるとして、トルコのことを高く評価している。ナクシュバンディ教団のタリーカも拡大し、仲間が増えていることを喜んでいる。新疆とトルコのタリーカの修練の方法は、ほぼ同様であるという。

　このように近年では、トルコでもイスラム復興が高まっている。しかし、亡命した当時は、トルコにおいて、政府とムスリムとのあいだで宗教行為を巡る摩擦があったという。

　ルトゥッフラー氏がトルコに来たばかりの頃、礼拝用の白い帽子を頭にかぶり、公道を歩いていると、突然パトカーに乗った警察官がルトゥッフラー氏を呼び止め、注意をしたという。あご髭を蓄えた人物が、礼拝用の帽子をかぶり、公道を歩いていることがダメだという理由からであった。注意をされたルトゥッフラー氏は驚いて、即座に帽子をとったという。またトルコ国籍の申請の時でも、同様のことを経験した。あご髭を蓄えていないウイグル

は通常、数カ月でトルコ国籍の取得ができたが、あご髭を蓄えているルトゥフッラー氏は、国籍取得までに4年もかかったという。

　実は、ルトゥフッラー氏の国籍取得には裏話がある。トルコ国籍の取得の後押しになったのは、意外にもルトゥフッラー氏のアラビア語の能力だった。ある日、ヨルダンで知り合ったトルコ人の友人が、ルトゥフッラー氏にアラビア語の先生を依頼してきた。その友人がいうには「ある警察の関係者が、クルアーンを読むためにアラビア語を学びたいと言っている。しかしトルコでは、公務員がアラビア語を学ぶと、公的な職に就いているのに宗教に傾倒しているとみなされ、解雇される恐れがある。私は、ムスリムとしての彼らの熱意に応えたいが、同時に私はトルコ人でもあるので、彼らにアラビア語を教えることは、私にとっても危険な行為である。だから、あなたが彼らにアラビア語を教えてやってくれないか」ということだった。そこで、ルトゥフッラー氏が警察の彼らにアラビア語を教えることになったのである。ルトゥフッラー氏は、アッラーのために善い行いをしているのに、まるで犯罪を犯しているかのような雰囲気だったと当時のことを振り返る。アラビア語の生徒である警察が、ルトゥフッラー氏を迎えに来て、人目を忍んで郊外のガソリンスタンドに向かう。そして、そこのガソリンスタンドで車に給油しているようにみせかけて、その間ガソリンスタンドのカフェテリアでルトゥフッラー氏が警察にアラビア語を教えていたとのことである。1990年代のトルコで、公務員が宗教に触れることは、それほど警戒せねばならないことであった。結果、ルトゥフッラー氏は、この「アラビア語の学生」の助力でトルコ国籍が取得できたのだった。

　現在、イスラム復興の高まりの中にあるトルコでは、同時にウイグル社会も変容がみられるようになったという。ルトゥフッラー氏がトルコに亡命した頃のトルコのウイグル社会は、トルコと民族主義的な面でのつながりが強かったが、現在ではむしろ、ムスリムとしてのつながりの方が強くなってきたという。そして、そのような状況のなかで、ウイグル社会のイスラムは、サラフィーの影響力が強くなってきたことを指摘している。スーフィー修練者であるルトゥフッラー氏は、サラフィーとは日常的な付き合いは保ちつつも、信仰の実践においては、一線を画しているという。それは、ルトゥフッ

ラー氏の信仰の実践とは、あくまでも「自己」の修練に重きを置いたスーフィー特有のものであるためである。それゆえ、これまでにみてきたように、ルトゥフッラー氏は、その置かれた状況のすべてを受け入れ、そこで修練することが大切なのだと考えているのである。そのような信仰の実践を続け、まず自らがムスリムとして模範的な行動をとろうと宗教家としての日々を過ごしているのである。

注

1）ルトゥフッラー氏は、ウイグルやトルコ人からダーモッラム（我が大学者、大先生の意味）と敬称されている宗教的学者であるが、本書ではルトゥフッラー師とせずにルトゥフッラー氏と表記する。ルトゥフッラー氏への聞き取り調査は、トルコ・イスタンブルにおいて主に2013年12月、2014年2月、3月に行った。

2）ナクシュバンディー教団は、中央アジア・ブハラを本拠としバハー・ウッディーン・ナクシュバンディ（1318-1389）を名祖とするスーフィー教団の一派である。

3）本章では、ルトゥフッラー氏の表現を尊重し、トゥオロマールとした。

4）1945年、新疆でスーフィー教団の一派ナクシュバンディ教団ムジャッディディーヤの著名なシャイフ（導師）であるアユーブ・カリーが開設した新疆最大のマドラサ。同マドラサは、最盛期には4000人の学生数を収容するほどの規模を誇る高等宗教学校であったと同時に、イスラム政府樹立のための反政府活動の拠点であったという。すなわち、シャイフであるアユーブ・カリーが宗教的身分を利用し、ホタンの宗教人士アブドゥルハミット・ダーモッラーにイスラム政府樹立のため信徒を扇動し、反乱を起こすよう指示したとされる。この反乱は、南新疆の大部分に広がり、1.5万人もの信徒が参加するまでに発展した［歴声主編2006：294-298］。

5）ズィクルとは、信仰告白や神（アッラー）などを唱え、神（アッラー）を想起すること。各スーフィー教団によって唱える文句、唱え方、体の動かし方などそれぞれ異なる。ナクシュバンディ教団のズィクルについては、川本正和［1983］に詳しい。

6）人民大会堂、中国歴史博物館および中国革命博物館、中国人民革命軍事博物館、北京駅、北京工人体育館、全国農業展覧館、民族文化宮、釣魚台国賓館、民族飯店、華僑大廈。

7）犯罪者に対し強制的な労働を通じて政治思想を改造させること。

8）1970年にカシュガル専区から現在のカシュガル地区へと変更された。

9）1962年末から1965年にかけて農村部で行われた政治、経済、組織、思想を清くするための社会運動のこと。

10）『喀什年鑑1999』によると、放火のあった日は1967年8月14日である［喀什地区地方誌辦公室1999：25］。

11）ナクシュバンディの指導者一族に連なる白山派の首領ホージャ・アーファークの墓苑。

12)　文化大革命期に中国各地に設置された矯正再教育施設。

13)　1980 年当時の換算レートは 1 ドル 1.4984 元で、2200 元は 1468 ドルに相当［『当代中国』叢書編輯部編 1989：684］。

14)　「ミッリー・ギョルシュ」（Milli Görüş）とは、「国民（民族）の視座」という意味である。ここでは、証言者の表現のままミッリー・ギョルシュと記載したが、正式にはアヴルパ・ミッリー・ギョルシュ・テシュキラートラル（Avrupa Milli Görüş Teşkilatları）で「ヨーロッパ・イスラム共同体の視座・組織」という。そもそも同組織は 1970 年にトルコで国民秩序党を結成したネジメッティン・エルバカン（Ncmettin Erbakan）が主導したイスラム運動「ミッリー・ギョルシュ」に賛同して設立された組織である。イスラム的な規範や美徳を訴えたことによってヨーロッパのトルコ系移民の間で支持者を拡大した。

15)　ルトゥフッラー氏の証言によると 1987 年当時、ルトゥフッラー氏のパスポートの有効期限は失効していたが、中国とサウディアラビアは国交が締結されていなかったためにパスポートの更新ができず、替わりにサウディアラビアから本人の証言とおりにいうところ「通行証」（渡航許可証に相当すると思われる）を発行してもらいドイツへ渡航したとのことである。

第6章
トルコで見出したイスラム共同体

はじめに

　信仰の自由をもとめてトルコに亡命するウイグルが増加するにつれ、トルコにおけるウイグルのイスラム復興のディアスポラコミュニティは拡大の一途をたどっていった。本章では、トルコ最大の都市イスタンブルにおけるウイグルのイスラム復興のディアスポラコミュニティに焦点を当てる。NGO「世界被抑圧者と難民協会」（Dünya Mazlumları ve Muhacirleri Derneği、以下、難民協会）の活動を事例に、ウイグルのイスラム復興のディアスポラコミュニティにおいてどのような活動が行われ、ウイグル同士やウイグルとトルコ人との間にどのようなネットワークが形成されて、コミュニティが拡大し活発化しているのかについて分析を進める。

1. 協会の設立のための手続きと設立目的

　第4章で焦点を当てたアフメット氏は、マレーシアでのウイグル支援活動を通じて、トルコに亡命したウイグル支援のための協会を設立する必要性を感じ、2015年からその準備を始めた。協会を設立するにあたっては、中国からの妨害を避けるために、これまでのウイグル関係のNGO団体とは異なる性質のものとなるよう工夫を凝らした。外見上は、ウイグル関係や東トルキスタン関係の団体とは判別がつかないようにしたのである。

　まず、団体の主なメンバーをトルコ人で占めるようにした。また、団体の名称は、「東トルキスタン」や「ウイグル」といった中国にとって新疆やウイグルを連想させるような名称を冠することを避けた。そして、ウイグルには限定せず、すべての難民を対象に協会を運営するというビジョンを明確にした。ちなみに、難民協会の難民（muhacirler）には、前述のとおり「聖な

134

写真 1　世界被抑圧者と難民協会 (2017 年 8 月、筆者撮影)

る移住者たち」という意味が含まれている。

　ウイグルとトルコ人が協力して設立した団体であることは、これまでのウイグル関係の団体とは大きく異なる特徴である。協会の会長には、トルコ人のイスマイル氏が就任した。イスマイル氏は、第4章でアフメット氏とともにマレーシアでウイグル難民を支援した人物である。アフメット氏本人は、会長助手に留まっている。そして、団体の申請時の主要なメンバー 10 人のうち、アフメット氏を含めた3人はウイグルであったが、残りの7人はトルコ人によって構成された。3人のウイグルのメンバーは、アフメット氏、アフメット氏の血縁者、ウイグル商人で構成することにした[1]。

　トルコ人メンバーは、イスマイル氏の紹介を受けて、イマームやエンサル基金会 (Ensar Vakfı)[2]の関係者、弁護士などが含まれている。このようにトルコ人を中心に据えたところに、トルコの人脈を充分に生かそうとする狙いと、中国からの妨害をさけようとする狙いがみえる。

　同協会は、トルコイスタンブル県知事協会局 (T.C. İstanbul Valiliği İl Dernekler Müdürlüğü) に正式に申請を出し、設立された NGO である。申請にあたっては、事前にこういった趣旨で許可が下りるかどうか同局に何度も伺いをたてたという。そして、申請から約1年後に許可が下り、晴れて

2016年1月27日に成立した（写真1）。

2. 協会の主な活動

(1) ウイグルのための身分保証

　前述のとおり、トルコのアタテュルク空港（当時）に到着した多くのウイグルは、警察の空港支部において「外国人特別緊急旅行書」（TÜRKİYE CUMHURİYETİ YABANCILARA MAHSUS ACİL SEYAHAT BELGESİ）の発行を受けることで入国を許可された（写真2）。

　パスポートや国籍を持たないウイグルにとっては、それがトルコにおいての唯一の身分証明証となる。しかし、この「外国人特別緊急旅行書」は、1カ月の有効期間しかなく、その期間内にウイグルは警察に居留証を申請する仕組みになっている。ウイグルの居留証申請は、通常であれば許可が下りるまでに3～4カ月、時には半年待たされることもあるという。

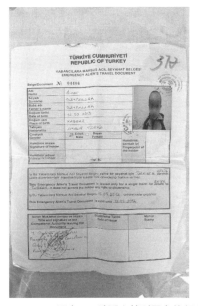

写真2　外国人特別緊急旅行書（2017年8月、筆者撮影）

　その間は、身分を保証するものがないので、協会が身分保証の書類を発行する。また、居留証を紛失した者にもこのような身分保証の書類が「応急措置」として発行されるという。公的機関から発行されたものと同等の効力が認められ、身分の保証が約束される。

　しかし、これはあくまでも、身分を保障するためだけのものである。一般にトルコでは、亡命してきたウイグルに対して就労は認められていない。したがって、ウイグルは、トルコで居留することは許可されているが、就労は認められていないので、経済的な問題に直面せざるをえない。それゆえ、こうしたウイグルに対して下記のような支援活動を難民協会が行っているのである。

(2) 医療支援の請願

　トルコでの出産費用や診察代を捻出できないウイグルについては、協会が病院に対して患者の身分証明と診察代免除の請願書を出す（写真3）。協会が請願書を出す代表的な病院としてはベズミアレムワクフ大学医学部病院（Bezmialem Vakıf Üniversitesi Tıp Fakültesi Hastanesi、以下ベズミアレム病院）があげられる。

　ベズミアレム病院はそもそもオスマン帝国のスルタンアブドゥルメジットの母ベズミアレムが、1847年3月12日の金曜日に貧困者救済を目的としてイスラム信仰によって寄進した由緒ある病院としてトルコでは知られている。ベズミアレム病院は、1923年にトルコ共和国が建国されると、その翌年の1924年に保健社会援助省の管轄下に入り再スタートを果たした。1956年にはワクフ局に移管されている。そして、2010年にトルコ総理府がベズミアレムワクフ大学を認可（公報27561号2010年4月24日、2809号高

写真3　医療支援の請願書
（2017年8月、筆者撮影）

等教育施設組織法追加124条）し、同病院はベズミアレムワクフ大学医学部病
院となって［Yıldırım 2013：35, 65, 66］、貧困救済を主とする目的を継承し
ている。
　写真3の請願書は次のとおりの内容となっている。

ベズミアレムワクフ大学医学部病院御中
題名：治療支援願い
番号：XXXX

　東トルキスタン出身のウイグルトルコ人（筆者注　原文ママ）である以下
の私たちの兄弟は、いかなる社会保障もなく、そして病院の治療代が払え
る状況ではありません。貴病院の治療の支援が必要であり、適切なご支援
を頂きますようお願い申し上げます。2017年9月2日。

敬意とともに
世界被抑圧者と難民協会
アフメット
協会長助手

請願者身分情報
名前-名字：XXX　XXX
父親の名前：XXX　　　母の名前：XXX
生年月日：X. X. 199X　　パスポート番号：XXXXXXXXX
出生地：東トルキスタン／中国
住所：XXXXX, ゼイティンブルヌ-イスタンブル
連絡電話：05XX-XXX XX XX

　こうした請願書によって、ベズミアレム病院は、多くのウイグル患者を受
け入れてきた。特に、出産については、通常、1500リラから3000リラ必要
（2017年当時）であるところ、ベズミアレム病院は、検査費は実費であるが、
その他の費用は免除している。ウイグルのあいだでは、特に出産や子供の病
気に関して、こうした手続きをとる者が多くみられる。ベズミアレム病院の

支援によって、多くの病を患ったウイグルが救済されてきた。このように、トルコにおいては、オスマン帝国時代から受け継がれている宗教的な寄進財が残されており、今日でもその恩恵にあずかることができる。難民協会の医療支援の請願とベズミアレム病院の貧困者救済という病院運営の精神が合致したことから、このような医療の連携関係が実現しているのである。

(3) 教育支援の請願

　また、このような医療支援請願のほかに、同協会は子供の教育についてのサポートも行っている。筆者が調査した際にも、ウイグルの子供の教育は大きな課題であった。保護者が学校の校長に子供の教育を受けさせたいと願い出ても、校長の判断によって、前例がないことを理由に断られることがある[3]。とりわけ、2011年頃よりマレーシアやタイを経由して渡った多くのウイグルの子供たちは、パスポートを所持しておらず、居留証のみを所持しているという状態である。もちろん、トルコの国籍ではないので、ウイグルの子供はトルコ国民として教育を受ける権利がない。なかでも2011年、2012年頃にはウイグルの女性亡命者が妊娠中に新疆を離れ、マレーシアで出産し、そのままトルコに入国するという事例が相次いだ。この場合、その子供は「無国籍」の状態となっており、トルコの居留証だけを持っているような状態であった。同協会は、そうした子供が義務教育を受けることができるようにするために、その者が居住する地域の教育局とかけあって便宜を図ってもらっている。なかでも、ウイグルが多く暮らすセファキョイの教育局には、交渉を通じてウイグルの現状を理解してもらい、子供の義務教育に関しては寛大に対処してもらえるようにしたという。

3. 協会を支える人々

(1) 協会を支えるウイグル

　こうした支援のほかに、難民協会を中心として、トルコ在住のウイグルのなかでも支援の輪が拡がっている。主には、ウイグル商人からの支援である。この支援で特徴的なことは、商売を通じて得た現金のほかに、不動産の

提供や、運輸サービスの無償提供などの現物やサービスを通じて支援が行われていることにある。

とりわけ目立つのは、新しく来たウイグルに対する住居の提供である。例えば、不動産業を営むあるウイグルは、ウイグルに不動産を賃貸、あるいは売却し、そこで得た収入によって協会を支援している。また、新しく来た資産を持つウイグルは、ウイグルの経営する不動産屋から不動産を購入し（資産によっては、アパート1棟全部）、その賃貸で得た利益で再び不動産を購入して、今度はウイグルに格安で間貸しすることで支援している。難民協会は、新しく来たウイグルに対して、難民協会を支援するウイグルが経営している不動産屋を紹介し、住宅問題を解決するようにしている。

このほか、ウイグルの運輸業の支援が挙げられる。ウイグルの仲間同士で車を共同購入し、タクシー業（実際にはヤミタクシー業）を営んでいる。イスタンブルに土地勘がない新しく来たウイグルにとって、こうしたウイグルのタクシー業者は重宝されており、このことは女性同士で行動する際の行動範囲の拡大につながっている[4]。また、難民協会が支援物資を配給（後述）する際には、配給を受け取るそれぞれのウイグルの家と難民協会との間をこのタクシーによって結ぶ形で行っている。そのような方法でウイグルのタクシー業者は利益を得ている。

難民協会は、前述のような医療支援の請願書を病人や妊婦に届ける際には、こうしたウイグルのタクシー業者を使っている。病人や妊婦がわざわざ難民協会に出向かなくとも、電話一本あるいはSNSを通じて医療支援の請願書を依頼でき、こうしたウイグルのタクシー業者が「バイク便」さながら「タクシー便」として依頼者に届けている。

そして、難民協会より発行された請願書を受け取った患者や妊婦は、ウイグルのタクシーに乗って病院まで行く。そこで、ウイグルのタクシードライバーは、ウイグルの病人や妊婦の介添人にもなり、病院では医師との通訳をも請け負っている。筆者がこうしたウイグルタクシーのドライバーに聞き取り調査をしたところ、次のような証言を得た。

「私は病人や妊婦の介添えをいつも行っているので、病院の関係者も私のこ

とを覚えています。病人や妊婦が単独で病院に行くよりも、私がついて行っ
てあげたほうが、病院でもスムーズに医療支援が進むのです。そして、病人
の状態によっては、治療に2～3時間かかる時もありますが、その時も一緒
につき添っていることが多いですね。人助けなんて大げさなものではありま
せん。ただ、一緒にいてあげるだけです。私が喜んでやっていることですか
ら」[5]

　ここで重要なことは、こうしたタクシー業者が難民協会から依頼を受ける
時は、無償で奉仕していることである。そして、病院での介添えも無償奉仕
である。
　以上のように、難民協会はウイグル商人の支援によっても支えられ、ウイ
グル商人も難民協会を通じて一部利益を享受しているという相互依存的な関
係性がみられる。

(2) 協会を支えるトルコの諸機関とトルコ人
　協会を通したウイグルへの支援は、ウイグルからだけに留まらない。
　トルコの赤新月社[6]（Türk Kızılayı、以下、赤新月社）やトルコ商人からの
支援もなくてはならないものである。まだ難民協会を設立してなかった頃、
アフメット氏は、赤新月社にウイグルへの支援を求めたことがあった。しか
し、赤新月社は、個人に対する支援は行っておらず、団体に対してのみ支援
するといってあっけなく断られたという。こうした赤新月社とのやり取りか
らも、アフメット氏は協会を作る必要性を感じたようである。協会を設立し
てからは、赤新月社から多くの支援を受けている。
　筆者は、2017年の犠牲祭前（2017年8月30日）[7]に行われた配給について
調査したが、衣類、靴、オムツなどが配給されていた。犠牲祭の日は、新し
い服を着て祝う習慣があるために、それに合わせて行われた支援であった。
　配給の内容は、例えば、子供用のオムツは最小サイズから最大サイズまで
各種サイズが揃うほどに徹底されていた（写真4）。
　ほかには、LC WAIKIKIなどトルコの人気ブランドの未使用の服（紳士
服、婦人服、子供服）や、靴（紳士靴、婦人靴、子供の靴、サンダル）などが配

写真 4　配給品のオムツの山（2017 年 8 月、筆者撮影）

給されていたことを確認した。こうした衣類は、ひとつひとつ赤新月社の袋に詰められ包装されていた（写真 5）。

　筆者がアフメット氏に確認したところ、これまでにも赤新月社をはじめとする団体から衣料品の支援は多くあったが、一度も中古服の支援はなかったという。そのことは、支援品を受給するウイグルも驚いているという。こうした背景には、受け入れ国トルコならではのホスピタリティが存在しているからではないかと考えられる。「いらなくなった物」で支援するのではなく、「喜んでもらえる物」で支援するということであろう。

写真 5　赤新月社のパッケージとズボン
（2017 年 8 月、筆者撮影）

　この場合の配給の方法は、支援物資の箱を並べて、各自が店舗で服を選ぶ時のように欲しい物を選ぶ形をとっていた。子供のオムツについては、サイズの番号を言ってそれを子供 1 人当たり 2 個受け取れるといった配給の方法であった。最後にアフメット氏に①本人の氏名、②電話番号、③住所、④家族構成、⑤何をもらったかについて報告して、報告者からサインをもらうという方式であった（写真 6）。

　管理を非常に厳しく行う背景には、赤新月社には、誰に何をどれだけ配給

写真6　支援物資の配給と報告の様子（2017 年 8 月、筆者撮影）

したかについて報告しなければならないという事情がある。配給を受けに来
た人のなかには、ウズベク、シリアといった人々も含まれていた。1 日の受
給者数の合計は、セファキョイだけでも、235 家族のべ 1274 人であった。

　他方、トルコの赤心月社からの支援のほかに、トルコ商人や商工団体から
の支援もある。アフメット氏が協会を設立した当初、寄付を募るために奔走
したが、まず声を掛けたのは、トルコ人の商工業者（以下、トルコ商人）で
あったという。トルコ商人は、一般的に信仰心が篤く、商人同士の仲間意識
も強いとされているからである。

　難民協会の会長であるイスマイル氏は、鉄工業関係の会社を経営している
ことから、トルコ商人のネットワークが期待できた。難民協会からトルコ商
人に、信仰の自由を求めて亡命してきたウイグルの事情を話して支援を募る
という。もし、そのトルコ商人が支援をできない状態であっても、代わりに
支援をしてくれそうな知り合いのトルコ商人に声をかけてくれたという。こ
のようにしてトルコ商人を通じて、ウイグル支援のネットワークを拡大させ
ていった。

　こうしたネットワークから、ウイグルの支援を申し出る人が現れるわけで
あるが、そこにはトルコ商人を基盤とした特有の仕組みが存在している。例
えば、難民協会がトルコ商人の A 氏に 2.5 トン分の米が必要だと支援を依頼
する。A 氏が、その支援に同意すると、アフメット氏がイスタンブルのバ
イラムパシャにある食品卸売市場の米屋に連絡をとる。その米屋に 2.5 トン

分の米が必要なことだけを告げ、値段交渉は米屋とA氏が行うという仕組みになっている[8]。したがって、難民協会は、A氏がいくらでどのような米を買ったのかを知らない。難民協会は、米屋とA氏に米の価格や品質を任せるのである。こうした信頼関係が、難民協会とトルコ商人の結び付きをより強固なものにするのである。

　また、難民協会は支援者から現金で支援を受けた場合、支援者のトルコ商人から支援物資を購入するようにしているという。アフメット氏によると、懇意にしている店や支援者のトルコ商人から支援物資を調達するのは、ウイグルの事情を理解し、商品の品質を保証してくれ、融通をはかってくれるからだという。そして、何よりも篤い信仰によってアフメット氏やトルコ商人は結ばれているため、互いに信頼できる存在なのだという。そして、一方的な支援に頼るだけではなく、トルコ商人にも利益が出るようにしていることが、大きな特徴であるといえるだろう。

　また、その他に支援を募る際には、トルコ商人からイスラム系商工会・独立産業家実業家協会（Müstakil Sanayici ve İşadamları Derneği, MÜSİAD）の関係者を紹介してもらい、そこから支援者を紹介してもらうこともある。同協会は、敬虔なムスリム商工業者によって構成された経済団体で、加盟者数は、約1万社にのぼる。公正発展党の支持母体となっている。難民協会は、同協会のメンバーである会社からさまざまな支援を受けている。

　例えば、テキスタイル業者から衣類の寄付を受けたり、小麦生産工場の業者から毎月20kgの小麦粉を110袋受け取っている（写真7）。その他、食用油の寄付や、スーパーのプリペイドカードの寄付

写真7　トルコ人からの支援品の
小麦粉を運ぶ様子
（2017年8月、筆者撮影）

144

写真 8　犠牲祭で羊を屠る様子（2017 年 9 月、筆者撮影）

　などもある。

　それ以外にも、犠牲祭になるとウイグルや
トルコ人から羊何頭分を寄付するといった旨
の連絡が、直接難民協会に入ることもある。
こうした場合は、羊を屠ったあとに、難民協
会が請求金額をその支援者に伝える仕組みに
なっている（写真 8）。直接屠った肉を届けに
来るトルコ人やウイグルも存在する。

　また、逆に犠牲祭中には、ウイグルから難
民協会に羊を屠る経済的余裕がないので、羊
の肉を分けてくれないかといった依頼が入る
こともあり、難民協会からそうした人々に羊
の肉を分配していた。マレーシアやタイなど
での亡命中生き別れとなった女性と子供のみ
の世帯、病人を抱えている世帯、老人のみの

写真 9　現金支援の領収書
（2017 年 9 月、筆者撮影）

世帯、経済的問題を抱えている世帯などを優先して屠った羊の肉を分配して
いる。

　そのほか、協会の銀行口座に直接支援金が振り込まれることもある。例え
ば、筆者が確認したところ、ラマダン期間中に、1 人当たり 1,000 リラから
10,000 リラ（2017 年現在）といった少なくない金額が支援されていた。しか

し、支援を現金で受けとると、協会は支援者に領収書を発行（写真 9）する
とともに、それをトルコイスタンブル県知事協会局に報告しなければいけな
いという煩雑な作業が伴うこととなっている。

　アフメット氏は、たとえ煩雑な作業であろうとも、領収書を発行し、トル
コイスタンブル県知事協会局に報告をする。このことこそが協会を長期的に
運営し、トルコ社会からの理解と信用を得る基礎だと考えている。

　アフメット氏は、こうしたウイグルやトルコの諸団体、トルコ人をはじめ
とする外部からの支援のみに頼ることはない。自らも通訳や翻訳によって得
た収入を生活費の一部を残して難民協会の運営資金として投入している。そ
れは、外部からの支援にのみ頼ることなく、自らの労働によって得た資金を
運営資金に投入することが自らを律することにもなり、そうした生活態度と
信仰を守ってこそムスリムであると考えているからである。

　それゆえ、難民協会は、ウイグルやトルコ人から厚い信頼を得て、支援の
ネットワークは拡大している。口コミによって難民協会の存在が拡散され、
支援を頼って訪れるウイグルは増加の一途をたどっている。また、協会を支
援しようというウイグルやトルコ人も増加し、物品支援も増えている。

　しかし、アフメット氏は、意外にも、難民協会の目的は、ウイグルへの物
品の配給でも医療支援でもないという。もちろん、ウイグルが難民協会に来
る目的が物品の配給であっても一向にかまわない。

　しかし、難民協会としての第一の目的は、まず、ウイグルにその疲れた体
と心を癒してもらうことにある。そして、トルコで自由にムスリムとして生
きてほしいのだという。難民協会によって行われるほとんどのことは、ウイ
グルや、トルコ人の信仰心から来る慈善行為によるものであり、そのことに
触れる喜びを感じてほしいのだという。

　そして、第二の目的は、難民協会からの物品の配給を通して、その人やそ
の家族、周りのウイグルがどのような困難に直面し、助けを必要としている
のかについて把握することである。直面する困難をどのようにして解決すれ
ばよいのかということを、ウイグルやトルコ人支援者とともに考えることに
本来の目的があるという。

　それゆえ、難民協会は会員登録を要求しない。それは、中国に個人情報が

流出するのを避けるためであるのと同時に、難民協会にいつでも誰でも気軽
に来ることができるようにするためである。したがって、難民協会の日々の
運営は、会員・非会員の区別がなく、誰かが難民協会にやってきて、各々が
難民協会の手伝いをするという仕組みになっている。

　トルコにおけるウイグルのイスラム復興のディアスポラコミュニティは、
ウイグルとトルコ人のイスラム共同体のなかで、共存のシステムを形成し、
それによって拡大しているのだといえる。

　筆者が行った聞き取り調査のなかで、このようなウイグルコミュニティに
おいて生活をいとなむウイグルから、次のような証言を得た。

「トルコに来てやっとムスリムとして生きられるようになった」[9]

　また、次のような証言も得た。

「今のウイグルは、トルコにおいて身分保証は居留証のみであり、働くこと
は基本的に許されていないのが現状なのです。もちろん、定期的な現金収入
がないことは大変なことです。ですが、あれが欲しいこれが欲しいといった
物への欲望は、そもそも新疆にいた頃からあまりないのです。そうじゃな
かったら、新疆を出てきません。ここでは難民協会の援助や人々の援助に
よって何とか暮らしていける。もう、それで充分です。トルコ国籍を取得し
てパスポートを取得し、福利厚生が充実したヨーロッパに新天地を求めたと
しましょう。それでも、きっとまたトルコに戻りたくなると思います。なぜ
ならば、ヨーロッパでは、ムスリムは萎縮して生活しているでしょう。トル
コではムスリムとして堂々と生きていける。その幸福感は何にも代えがたい
ものなのです」[10]。

　さらに別のウイグルは、次のように証言している。

「ウイグルが独自に協会を設立し、それをもとに誰の制限も受けずに自主的
に慈善活動を行うこと自体、新疆では実現不可能であり、また、トルコ人と

ムスリムとしてつきあうことも不可能だったのです。そうした不可能を可能に変えてくれた国であるトルコに来てよかった」[11]。

　他方、ウイグルを支援しているトルコ人からは次のような証言を得た。

「助けを求めにやってくる人たちがいるのに、それをムスリムとして追い返すことができますか？　ウイグルはムスリムの兄弟です。そして、ウイグルは、トルコ人がこのトルコに来る前に共に暮らしていた古いトルコ人（筆者注 eski türk）なのですから」[12]

　これらのウイグルは、トルコでムスリムとして生きていくことができることに喜びを感じている。そうした活動に関わっているトルコ人はウイグルをムスリムという宗教的つながりによって好意的に捉えている。あるウイグルは、ヨーロッパのムスリム事情と比較してトルコでの現状を受け入れていた。こうした状況は、同じテュルク系民族であるという民族のシンパシーを越えた、信仰に裏打ちされたムスリムとしての相互の信頼や共存のシステムによって形作られているといってよいだろう。

注
1) 同協会は、中国からの妨害を避けるために主なメンバーは非公表としている。
2) 同基金会は、1979年にアラビア語と宗教的教育の普及を目的として設立された協会である。
3) 結果、入学申請後の1年後に校長が交代し、新しい校長の裁量によってようやくその子供は教育を受けることが認められた。「トルコ国民」ではない子供の場合、教育を受ける権利は不徹底である。校長の裁量に委ねるしかない状況であった。イスタンブルの事例。在外ウイグルへの聞き取り調査による（調査時期2011年9月、調査地イスタンブル、調査対象者30代、男性）。
4) こうしたウイグル女性の利用の場合、ウイグル女性1人でタクシーを利用するのではない。複数の女性の利用者が利用する。
5) トルコ在住ウイグルへの聞き取り調査による（調査時期2017年8月、調査地イスタンブル、調査対象者20代、男性）。
6) トルコの赤新月社は、1868年にオスマン帝国と帝政ロシアとの戦争による負傷兵救済を主な活動として導入された。現在のシンボルマークは、オスマン帝国側が赤十字の代わりに赤新月を用いて作成した意匠をそのまま継続して使用している。

トルコ赤新月社ウェブサイト
https://www.kizilay.org.tr/kurumsal/tarihcemiz
（2021 年 5 月 2 日閲覧）

7）2017 年の犠牲祭は、9 月 1 日から始まった。

8）場合によっては、値段交渉は協会側が行い、請求書だけを寄付者にまわすこともある。

9）イスタンブルの事例。在外ウイグルへの聞き取り調査による（調査時期 2017 年 8 月、調査地イスタンブル、調査対象者 20 代、男性）。

10）イスタンブルの事例。在外ウイグルへの聞き取り調査による（調査時期 2017 年 9 月、調査地イスタンブル、調査対象者 40 代、男性）。

11）イスタンブルの事例。在外ウイグルへの聞き取り調査による（調査時期 2017 年 9 月、調査地イスタンブル、調査対象者 20 代、男性）。

12）イスタンブルの事例。トルコ人への聞き取り調査による（調査時期 2017 年 8 月、調査地イスタンブル、調査対象者 40 代、男性）。

終　章

　トルコにおけるウイグルのイスラム復興ディアスポラは、中国の共産党政権のもとでイスラムを復興させたウイグルが、宗教的実践の制約ゆえに離散を余儀なくされ、亡命先のトルコで世俗的ウイグルをも信仰の世界に巻き込みながら形成・拡大させてきたものである。

　ウイグルのイスラム復興ディアスポラの特徴は、受け入れ国のトルコの住民との間にあつれきがほとんどみられないことにある。なぜならば、ウイグルのイスラム復興ディアスポラは、信仰をともにするトルコの敬虔なムスリム社会に受け入れられているからであり、その敬虔なムスリム社会は世界的なイスラム復興の潮流のなかで拡大を遂げているからである。信仰の実践を求めてトルコに亡命したウイグルは、イスラム復興を遂げているトルコにおいて、信仰に篤いトルコ人とともにイスラム的な共存のネットワークを形成し、宗教的なウイグルのディアスポラコミュニティを拡大させている。ウイグルは、民族的シンパシーもさることながら、より強い宗教的シンパシーによって受け入れられていると言っても過言ではない。

　ウイグルを受け入れるトルコには、従来から草の根レベルの慈善活動によって社会にセーフティネットを提供するイスラム的な共存のネットワークが厚く形成されている。こうした慈善活動は、経済および教育の格差や、失業者の増加、社会の不均衡といった負の側面の深刻化によって拡大の一途をたどっている。トルコのイスラム復興のなかで台頭したイスラム主義系の公正発展党も、このような社会的不均衡の解消に熱心に取り組んでおり、首相府直轄の公共住宅管理庁（Toplu Konut İdaresi Başkanlığı, TOKİ）が低所得者層向けに住宅を供給しているほか、草の根レベルでの慈善活動を奨励している。もともと慈善行為そのものがイスラムの教義体系に内包されていることから、多くのムスリムが慈善活動に駆り立てられている。特に公正発展党の熱心な支持層であるムスリム商人をはじめとする信仰に篤いムスリムの慈善活動は活発である。

　そもそもムスリムにとって、慈善行為はサワーブ（報奨）につながるもの

である。慈善行為と信仰の一体化は、社会的に弱い立場に置かれた者を救う
セーフティネットとしての機能を果たしている。そのことは、ムスリムに
とっては常識であり、特に敬虔な信者は熱心に実践している。こうしたムス
リムの宗教的な実践行為において重要なことは、自発性が備わっていること
である。自発的な行為だからこそ、より強固なものになっているといえる。
社会の不均衡を認識して、慈善によって、富の再分配を行い、公正な社会を
構築することこそが、イスラムの共存の原理である。慈善行為を行う余裕の
ないムスリムは、例えば断食を通して自己の浄化を行う。それと同時に、難
しい境遇に置かれた人々のことを思いやる。このことも慈善行為の一部とみ
なされる。ムスリムひとりひとりが各々の立場で、慈善行為に参加しそれを
社会に還元し、弱き者を救済していくダイナミズムに、ムスリムの求めるイ
スラム実践の神髄がある。そういったイスラムの実践によって公正な社会を
目指す高まりが、トルコにおけるイスラム復興なのだといえる。

　イスラム化を強めるトルコがこれまで中国と対峙する際に見せるウイグル
を巡っての言動も宗教的色彩が濃いものとなっている。2009年に発生した
7・5ウルムチ事件後にエルドアン首相（当時）が中国を訪問した際には、新
疆から足を踏み入れて、現地ムスリムらと合同礼拝を行った。同時期にトル
コの宗務庁長官メフメット・ギョルメズ（当時）も歴代の宗務庁長官のなか
で初めて中国を公式訪問している。トルコ国内においては、7・5ウルムチ
事件の犠牲者の追悼がトルコ人とウイグルの共同礼拝の形式で開催された。
またメフメット・ギョルメズは2015年のラマダンの最中、新疆では断食が
自由にできる環境にないことを批判している。これらのことはムスリムの兄
弟としてのシンパシーをより強く表したものであった。

　トルコの信仰に篤いムスリムによって形成されるコミュニティにおいて
は、トルコ人やウイグルが、新たに亡命して来たウイグルに対し、新疆で何
をしていたのか、どうしてトルコに来たのか、といった個人的事情を探る習
慣はあまりみられない。中国への密告の懸念から敢えて問題にしないという
こともあるが、それよりも、ただ宗教的な信念を持つ者としてイスラム共同
体に受け入れられている側面が強いためである。それゆえ、信仰の自由を求
めて亡命したウイグルは、トルコの社会にすぐに溶け込むことができる。

　もちろん、そうは言っても、トルコ国籍を未だ取得できずにいるウイグルにとって、その境遇は充分に恵まれたものではない。トルコに亡命したばかりのウイグルは、居留証による身分保証を有するだけで、健康保険や教育を受ける権利があるわけでもない。そして公には働くことも許されてはいない。

　しかし、それでも筆者が行った聞き取り調査のなかで、このような境遇に身を置くウイグルから最も多く耳にしたのは「東トルキスタン（筆者注 新疆）もトルコのようになればいいのに」[1]という願望であった。その願望からは、ウイグルの故郷・新疆への憂愁とトルコで見出した光明とが表裏一体を成していることが理解される。その願望は、まさに中国とトルコという国家の枠組みによって宗教的な環境が全く異なることを意味している。

　そもそも、ウイグルが経験した中国での状況は、トルコとは全く逆の価値観によって支えられたものであった。ウイグルの故郷である新疆が中国の共産党政権下に組み込まれて以来、同地のウイグルは例外なく「中華人民共和国」という社会主義国家の枠組みの下に置かれ、宗教の統制を受けてきた。中国は市場経済化した現在でも上からの世俗化を徹底し、人間を宗教の呪縛から解放することこそが、社会の「進歩」であるという観点を保持し、宗教を統制し続けている。また、中国は、生産力の解放こそが「進歩」であるという観点を保持しており、改革開放後に深刻化した経済格差や民族的待遇の格差などの不均衡を、新疆への投資の拡大やウイグルの内地（非ムスリム地域）留学による人材開発、内地への出稼ぎの奨励によって解消しようとしている。しかし、信仰に篤いウイグルからすれば、そうした「進歩」や投資、貧困対策は、上からの押し付けにしかみえない。なぜならば、それは、ウイグルの信仰を基にした自発性が考慮されていない対策であるからである。ウイグルにとっては、イスラムによる公正な社会を構築し、共存のシステムを拡大することがイスラム信仰の実践であり、ムスリムとしてのあるべき姿である。そうしたイスラム的な共存のシステムは国家の宗教統制によって弱体化され、新疆でムスリムの理想の社会を構築することは不可能になっている。もちろんトルコも近代化のために憲法上は世俗主義を掲げており、イスラムの教義が政治的に貫徹されている訳ではないが、草の根レベルのムスリ

ム共同体は強固に存在している。宗教的な環境に関して言えば、新疆との隔たりはあまりにも大きい。

　そうは言っても中国からすれば、宗教統制は人類史的使命を貫徹するために行っているものである。取り締まりも法令に基づいたものであって、やみくもに宗教を統制しているわけではないと正当化している。ウイグルのために「使命」として、あるいは「善意」で統制しているというロジックになっている。こうした国家による宗教への介入は、国家とムスリムとのあいだに激烈なせめぎあいを生まざるを得ない。結果的に、ウイグルのイスラム実践への要求をさらに駆り立てる要因となっている。ウイグルの宗教活動はさらに地下に潜り、宗教統制もより踏み込んだものにエスカレートせざるを得ない状況となっている。

　中国が宗教を否定して世俗化を徹底した社会を構築しようと上からどのように働きかけようとも、信仰心を高めたウイグルは精神的支柱であるイスラムを否定して構築されるような社会を希求しない。世俗的「先進性」のみを教育しようとする中国の思考は、必ずしもウイグルにとって有効ではない。中国がどのように宗教を統制しようとも限界に突き当たる。

　にもかかわらず、中国は中国でマルクス主義と中国独自の宗教理論に依拠した厳格な宗教統制の正しさを組織レベルでは確信しているから、宗教を当面容認したとしても死滅へのはたらきかけを継続しなければならないという思考は揺るがない。

　宗教の死滅を働きかけて上からの世俗化を徹底した社会を実現しても、社会の不均衡は拡大するばかりである。かと言って、ウイグル側からイスラムの共存のシステムを運用して社会の不均衡を緩和することを目指そうにも、宗教統制によってそれは不可能となっている。これでは、ムスリムとしての善行を行うことはできず、ムスリムとしての義務を果たすことができない。そればかりか、未成年者の宗教活動も禁止されており、次世代への宗教的継承が困難な状況となっている。こうした状況の下で、ウイグルは新疆からの離散を余儀なくされるのである。

　イスラム復興が加速度的に進むトルコにおいては、どの国もが直面する社会の不均衡に対してイスラム的共存のシステムが自ずと運用され、公正な社

会の構築に大きく作用している。それは、まさにウイグルがムスリムとして
新疆で創出したかったムスリム共同体なのであった。トルコには、こうして
助けを求めてやってくる者を受け入れる宗教的な正義が存在していたからこ
そ、今日のウイグルのイスラム復興ディアスポラの姿がみられるのである。

　それゆえに、ウイグル・ディアスポラを受け入れるトルコの宗教コミュニ
ティでやり取りされる感謝の言葉は、「ラフメット」（ウイグル語「ありがと
う」の意味、Rahmet）ではない。「テシェッキュル・エデリム」（トルコ語で
「ありがとう」の意味、Teşekkür ederim）でもない。「アッラー・ラーズ・オ
ルスン」（アッラーがご満足されますように、Allah razı olsun）という信仰に裏
打ちされた言葉が、ウイグル同士やトルコ人との間で交わされているのであ
る。

注
　1）イスタンブルの事例。在外ウイグルへの聞き取り調査による（調査時期 2017 年 8
　　　月、調査対象者 50 代男性、20 代男性、30 代女性、20 代女性）。

参考文献

[日本語]

アサド、タラル［2006］『世俗の形成：キリスト教、イスラム、近代』（中村圭志訳）、み
　　すず書房。

アルマス、トゥルグン『ウイグル人』（東綾子訳）、集広舎。

今井宏平［2017］「難民問題の『矛盾』とトルコの政治・外交：ソフトパワー・負担・切
　　り札」駒井洋監修・人見泰弘編著『難民問題と人権理念の危機：国民国家体制の矛盾』
　　明石書店、pp.133-149。

臼杵陽監修、赤尾光春・早尾貴紀編著［2009］『ディアスポラから世界を読む：離散を架
　　橋するために』明石書店。

宇野和夫［2009］「ウイグル暴動の経緯と問題点」『中国研究月報』第 63 巻、第 7 号、
　　pp.45-47。

エンゲルス、フリードリヒ「反デューリング論」『マルクス＝エンゲルス全集』大月書店
　　（1968、大内兵衛・細川嘉六監訳）第 20 巻、pp.5-335。

王柯［2019］「恐怖からの脱出：ウイグル人亡命者の選択」『国際文化研究』53、pp.37-54。

王建新・新免康［2005］「中国ムスリムの女性教育：1980 年代以降の状況を中心に」加藤
　　博編『イスラームの性と文化』東京大学出版会、pp.127-151。

王柳蘭［2011］『越境を生きる雲南系ムスリム：北タイにおける共生とネットワーク』昭
　　和堂。

川本正和［1983］「ナクシュバンディー教団の修業法について」『東洋史研究』42（2）、
　　pp.285-317。

木村自［2016］『雲南ムスリム・ディアスポラ民族誌』風響社。

ゲルナー、アーネスト［2000］『民族とナショナリズム』（加藤節監訳）岩波書店。

コーエン、ロビン［2012］『グローバル・ディアスポラ』（駒井洋訳）明石書店。

澤井充生［2002］「中国の宗教政策と回族の清真寺管理運営制度：寧夏回族自治区銀川市
　　の事例から」『イスラム世界』第 59 号、pp.23-49。

澤井充生［2011］「中華人民共和国の『宗教団体』に関する一考察：イスラーム教協会の
　　事例」『人文学報』（438）、pp.35-61。

シャリアティ、アリー［1997］『イスラーム再構築の思想：新たな社会へのまなざし』（櫻
　　井秀子訳）大村書店。

新免康［1992］「現代中国におけるイスラム：新疆ウイグル自治区を中心に」『月刊しにか』
　　（大修館書店）第 3 巻、第 7 号、pp.25-31。

中屋昌子［2013］「中国における『イスラーム復興』と宗教統制について：新疆ウイグル
　　自治区の事例から」『イスラム世界』第 80 号、pp.1-42。

中屋昌子［2015］「社会主義の国からアッラーの道を求めて：トルコへ移住したウイグル
　　宗教家のライフ・ヒストリー」澤井充生・奈良雅史編『周縁を生きる少数民族：現代中
　　国の国民統合をめぐるポリティクス』勉誠出版、pp.181-216。

錦田愛子［2010］『ディアスポラのパレスチナ人：「故郷（ワタン）」とナショナル・アイデンティ

ティ』有信堂高文社。

バートベック、スティーブン［2014］『トランスナショナリズム』（水上徹男他訳）、日本
　　評論社。

濱田正美［1999］「現代の中央アジア」竺沙雅章（監修）間野英二（責任編集）『アジアの
　　歴史と文化：中央アジア史』同朋舎、pp.198-209。

ブルーベイカー、ロジャーズ［2009］「『ディアスポラ』のディアスポラ」（赤尾光春訳）
　　赤尾光春・早尾貴紀編著、臼杵陽監修『ディアスポラから世界を読む―離散を架橋する
　　ために』明石書店、pp.375-400。

星野昌裕［2009］「中国の国家統合と新疆ウイグル自治区の民族問題」佐々木知弘編『現
　　代中国の政治的安定』日本貿易振興機構アジア経済研究所、pp.81-103。

マルクス、カール「ヘーゲル法哲学批判序説」『マルクス＝エンゲルス全集』大月書店
　　（1959、大内兵衛・細川嘉六監訳）第1巻、pp.415-428。

水谷尚子［2007］『中国を追われたウイグル人：亡命者が語る政治弾圧』文藝春秋。

水谷尚子［2015］「イスラム国を目指すウイグル人」『文藝春秋』文藝春秋、pp.368-375。

ルックマン、トーマス［1976］『見えない宗教：現代宗教社会学入門』（赤池憲昭、ヤン・
　　スィンゲドー訳）ヨルダン社。

［中国語］
阿克蘇地区地方誌辦公室［2011］『阿克蘇年鑑』新疆人民出版社。

『当代中国』叢書編輯部編［1989］『当代中国的金融事業』中国社会科学出版社。

『当代中国』叢書編輯部編［1991］『当代中国的新疆』当代中国出版社。

龔学増［2003］『社会主義与宗教』宗教文化出版社。

韓強・劉露［2015］「境外文化伝播対新疆維吾爾族群衆的印象：以中亜五国及土耳其為例」
　　『青年記者』第3期、pp.85-86。

何炳済［2007］『新疆農牧民社区田野調査』新疆人民出版社。

和田年鑑編纂委員会編［2011］『和田年鑑』新疆人民出版社。

賀萍［2010］「新中国成立60年来新疆工作的実践歴程」『実事求是』第6期、pp.58-61。

胡欣霞［2012］「新疆喀什地区宗教人士在経済社会発展中作用的認知状態分析」『実事求是』
　　第1期、pp.75-80。

喀什地区党史地方誌辦公室編［2007］『喀什年鑑2007』新疆人民出版社。

喀什地区党史地方誌辦公室編［2010］『喀什年鑑2010』喀什維吾爾文出版社。

喀什地区地方誌辦公室編［1999］『喀什年鑑1999』新疆人民出版社。

喀什市史誌編纂委員会辦公室編［2012］『喀什市年鑑2011』新疆人民出版社。

歴声主編［2006］『中国新疆歴史与現状』新疆人民出版社。

任紅［2009］「新疆伊斯蘭教教職人員現状調査与研究」『新疆社会科学』第4期、pp.60-
　　65。

吐魯番地区地方誌編纂委員会編輯室編［2011］『吐魯番年鑑2011』新疆生産建設兵団出版
　　社。

姚春軍［2009］「対新疆維吾爾族宗教信仰者朝覲問題的心理探析」『新疆社会科学』第2期、
　　pp.52-58。

156

葉小文［2007］『宗教問題 怎麼看 怎麼辦』宗教文化出版社。

新疆維吾爾自治区叢刊編輯組『中国少数民族社会歴史調査資料叢刊』修訂編輯委員会編
　　［2009a］『南疆農村社会』民族出版社。

新疆維吾爾自治区叢刊編輯組『中国少数民族社会歴史調査資料叢刊』修訂編輯委員会編
　　［2009b］『維吾爾族社会歴史調査』民族出版社。

新疆維吾爾自治区地方誌編纂委員会編『新疆年鑑』新疆年鑑社（1998年以前は新疆人民
　　出版社）（各年版）。

許建英［2009］「烏魯木斎『7・5』事件実質是暴力恐怖主義犯罪」『人権』第4期、pp.29-
　　30。

徐平・張陽陽［2014］「新疆的国家認同状況調査与分析」新疆師範大学民俗学与社会学学
　　院主編『新疆民族研究論集二』民族出版社、pp.21-43。

英吉沙県地方誌編纂委員会編［2003］『英吉沙県誌』新疆人民出版社。

張屹［2017］「従東南亜恐怖主義現状解析『東突』南線転向」『政法学刊』第1期、
　　pp.121-128。

中共新疆維吾爾自治区委統一戦線工作部・中共新疆維吾爾自治区委党史工作委員会［1993］
　　『中国資本主義工商業的社会主義改造（新疆巻）』中共党史出版社。

中国伊斯蘭教協会編［2005］『新時期阿訇実用手冊』東方出版社。

楊志波主編［2005］『中国穆斯林朝覲実用手冊』寧夏人民出版社。

［英語、トルコ語］

Asena, G.Ahmetcan［2009］*Çin-Doğu Türkistan*, İstanbul: Pan Yayıncılık.

Bovingdon, Gardner［2010］*The Uyghurs: Strangers in Their Own Land*, New York:
　　Columbia University Press.

Eickelman, Dale F. and Piscatori, James［1990］*Muslim Travellers*, California：The
　　University of California Press.

Emet, Erkin［2009］5 Temmuz Urumçi Olayı ve Doğu Türkistan, Ankara: Grafiker
　　yayınlar.

Fuller, Graham E. and Lipman, Jonathan N.［2004］"Islam in Xinjiang," S. Frederick
　　Starr（ed.）, *Xinjiang: China's Muslim Borderland*, New York: M. E. Sharpe, pp.320-352.

Guan, Tian and Debata, Mahesh Ranjan［2010］"Identity and Mobilization in
　　Transnational Societies: A Case Study of Uyghur Diasporic Nationalism" China and
　　Eurasia Forum Quarterly, Vol.8, No.4, pp.59-78.

Human rights watch［2009］"We Are Afraid to Even Look for Them: Enforced
　　Disappearances in the Weke of Xinjiang's Protests." Human Rights Watch.

Kuşçu, Işık［2013］"The Origins of Uyghur Long-Distance Nationalism: The First
　　Generation Uyghur Diaspora in Turkey," *Orta Asya ve Kafkasya Araştırmaları
　　(OAKA)*, Vol.8, No.16, pp.73-94.

Mackerras, Colin［2018］"Religion and the Uyghurs: A Contemporary Overview"
　　Güljanat Ercilasun, Kurmangaliyeva Ercilasun and Konuralp Ercilasun（eds.）, *The
　　Uyghur Community: Diaspora, Identity and Geopolitics*, New York: Palgrave

macmillan, pp.59-84.

Rudelson, Justin Jon [1997] *Oasis Identities: Uyghur nationalism along China's Silk Road*, New York: Columbia University Press.

Safran, William [1991] "Diaspora in Modern Societies: Myths of Homeland and Return," Diaspora: A Journal of Transnational Studies, Vol1. No.1, pp.83-99.

Shichor,Yizhak [2007] "Limping on Two Legs: Uyghur Diaspora Organizations and the Prospects for Eastern Turkestan Independence," *Central Asia and The Caucasus*, Vol.6 (48) pp.117-125.

Tölölyan, Khaching [1991] "The Nation-State and Its Others: in Lieu of a Preface," *Diaspora: A Journal of Transnational Studies*,Vol. No.1, pp.3-7.

Vertovec, Steven [2003] "Diaspora, transnationalism and Islam: Sites of change and modes of research," Allievi, Stefano and Nielsen, Jorgen S. (eds.), *Muslim Networks and Transnational Communities in and across Europe*, Leiden: Brill, pp.312-326.

Waite, Edmund [2007] "The Emergence of Muslim Reformism in Contemporary Xinjiang: Implications for the Uyghurs' Positioning Between a Central Asian and Chinese Context," Ildikó Bellér-Hann and Joanne Smith Finley (eds.), *Situating The Uyghurs Between China and Central Asia*, Hampshire: Ashgate, pp.165-181.

Yıldırım, Nuran [2013] *Gureba Hastanesi'nden Bezmiâlem vakf Üniversitesi'ne*, İstanbul: Vakıf Bank.

[ウイグル語]

Junggo Islam Dini Jemiyiti 編 [2009] *Yéngi Dewrdiki Imamlar Qollanmisi*, Idris Nurulla 訳, Shinjiang Uniwérsitéti Neshriyati.

[辞典、事典など]

大塚和夫・小杉泰・小松久男・東長靖・羽田正・山内昌之 [2002] 『岩波 イスラーム辞典』 岩波書店。

中田考監修、中田香織・下村佳州紀訳、黎明イスラーム学術・文化振興会責任編集 [2014] 『日亜対訳クルアーン』作品社。

日本イスラム協会・島田襄平・板垣雄三・佐藤次高『新イスラム事典』平凡社。

Esposit, John L. (ed.), [2003] *The Oxford dictionary of Islam*, New York: Oxford University Press.

[中国、新疆関連ウェブサイト]

阿克蘇地区深入開展創先争優活動専欄「拝城県採取『五項』措施用現代文化引領農村婦女崇尚健康文明生活新風尚」

　http://zt.aks.gov.cn/cxzy/page.asp?id=2405

　(2013 年 8 月 19 日閲覧)

英吉沙政府

　http://www.yjs.gov.cn/

158

（2012 年 8 月 24 日閲覧）

英吉沙政府「英吉沙県教育系統五措併挙做好暑暇期間安全穏定」

　　http://www.yjs.gov.cn/Article/ShowArticle.asp?ArticleID=6781

　　（2012 年 8 月 15 日閲覧）

英吉沙政府「薩罕郷召開『布維』培訓大会」

　　http://www.yjs.gov.cn/Article/ShowArticle.asp?ArticleID=6408

　　（2012 年 8 月 30 日閲覧）

火州先鋒－吐魯番市党建網「吐魯番市文化路社区挙辦制止非法宗教宣伝教育『大講堂』」

　　http://www.turpandj.gov.cn/E_ReadNews.asp?NewsId=6098

　　（2013 年 8 月 19 日閲覧）

喀什市人民政府「喀什市挙辦『女布維』培訓班」

　　http://www.xjks.gov.cn/Item/19052.aspx

　　（2012 年 8 月 30 日閲覧）

喀什市人民政府「喀什歴史大事記 基本完成社会主義改造時期（1952 年 5 月至 1956 年 3 月）」

　　http://www.xjks.gov.cn/Item/93.aspx

　　（2016 年 11 月 10 日閲覧）

喀什市人民政府「市婦聯啓動『靚麗工程』儀式在広場挙行文芸演出活動」

　　http://www.xjks.gov.cn/Item/18977.aspx

　　（2013 年 5 月 29 日閲覧）

新疆維吾爾自治区転変作風服務群衆領導小組辦公室

　　「転変作風　服務群衆宣講資料」第 14 期（2012 年 5 月 14 日）新疆法制報社

　　克拉瑪依第十三中学

　　「関於『非法宗教活動』進行集中排査整治的工作按排」

　　http://13z.klmyedu.cn/

　　（2013 年 2 月 19 日閲覧）

新華社「関於過去幾年党在少数民族中進行工作的主要経験総括」、「中共中央批発全国統戦工作会議関於過去幾年内党在少数民族中進行工作的主要経験総結」

　　http://news.xinhuanet.com/ziliao/2004/-12/27/content_2384402.htm

　　（2013 年 5 月 30 日閲覧）

新疆維吾爾自治区人力資源和社会保障庁「関於印発自治区拡大新型農村社会養老保険試点実施方案的通知」

　　http://www.xjrs.gov.cn/show_files_2012.asp?articleid=3618

　　（2013 年 2 月 13 日閲覧）

中国婦女網専題報導「全国婦聯十期二回執委会議」

　　http://www.women.org.cn/zhuanti/shierjiezhiweihui/xj.htm

　　（2012 年 8 月 24 日閲覧）

中国共産党新聞「第十一次全国統戦工作会議概況」

　　http://cpc.people.com.cn/GB/64107/65708/65723/4456383.html

　　（2012 年 7 月 28 日閲覧）

中国伊斯蘭教協会「1994 年大事記」

http://www.chinaislam.net.cn/about/xhgk/dashiji/201208/17-2923.html
（2017 年 11 月 28 日閲覧）
世界ウイグル会議
「証言者たちが語る『7.5 ウルムチ大虐殺事件』の真相（その 1）」
http://www.uyghurcongress.org/jp/?p=1122
（2017 年 11 月 20 日閲覧）
中国中央人民政府
「『7·5』事件已造成 197 人死亡 新疆整体形势正转好」
http://www.gov.cn/zmyw200907c/content_1369230.htm
（2017 年 11 月 20 日閲覧）

［トルコ関連ウェブサイト］
BBC NEWS
　"Turkey attacks China 'genocide'"
　http://news.bbc.co.uk/2/hi/asia-pacific/8145451.stm
　（2017 年 9 月 15 閲覧）
Hürriyet 紙
　"Hasretle karşıladılar"
　http://www.hurriyet.com.tr/hasretle-karsiladilar-20303183
　（2017 年 9 月 12 日閲覧）
İlim yayma cemiyeti
　http://www.iyc.org.tr/?q=3&h=243
　（2017 年 9 月 26 日閲覧）
TRT Diyanet
　"Diyanet İşleri Başkanı Görmez'den Doğu Türkistan'daki Oruç Yasağına Tepki"
　http://www.diyanet.tv/diyanet-isleri-baskani-gormez-den-dogu-turkistan-daki-oruc-yasagina-tepki
　（2017 年 8 月 16 日閲覧）
TRT HABER
　"Diyanet İşleri Başkanı Görmez Çin'de"
　http://www.trthaber.com/m/?news=diyanet-isleri-baskani-gormez-cinde&news_id=100076&category_id=1
　（2017 年 11 月 20 日閲覧）
トルコ赤新月社
　https://www.kizilay.org.tr/kurumsal/tarihcemiz
　（2017 年 11 月 14 日閲覧）
Uluslararası Türk Kültürü Teşkilatı
　http://www.turksoy.org/
　（2017 年 9 月 26 日閲覧）

160

[法律、条例、規則、規定など]

「イスラム教、ラマ教の宗教制度改革に関する指示（関於伊斯蘭教、喇嘛教宗教制度改革的指示）」(1959 年)（賀萍［2010］「新中国成立 60 年来新疆宗教工作的実践歴程」『実事求是』第 6 期）。

「宗教活動場所管理条例（宗教活動場所管理条例)」(1994 年)（中共中央文献研究室総合研究組・国務院宗教事務局政策法規司編［1995］『新時期宗教工作文献選編』宗教文化出版社）。

国務院「宗教事務局、国家建設委員会などの機関が作成した『宗教団体の不動産についての政策等を着実に実行する問題に関する報告』を批准し、転送する（国務院批転宗教事務局、国家建委等単位「関於落実宗教団体房産政策等問題的報告」)」(1980 年)（中共中央文献研究室総合研究組・国務院宗教事務局政策法規司編［1995］『新時期宗教工作文献選編』宗教文化出版社）。

「宗教活動場所設立の審査批准と登記の方法（宗教活動場所設立審批和登記辦法)」(2005 年)（国家宗教事務局政策法規司編［2010］『宗教事務条例—相関法律法規及政策手冊—』宗教文化出版社）。

「宗教事務条例（宗教事務条例)」(2004 年)（国家宗教事務局政策法規司編［2010］『宗教事務条例—相関法律法規及政策手冊—』宗教文化出版社）。

「新疆ウイグル自治区未成年人保護条例（新疆維吾爾自治区未成年人保護条例)」(2009 年)（新疆維吾爾自治区地方誌編纂委員会編［2010］『新疆年鑑 2010』新疆年鑑社）。

「新疆ウイグル自治区民族団結教育条例（新疆維吾爾自治区民族団結教育条例)」(2009 年)（新疆維吾爾自治区人大常委会法制工作委員会編［2010］『新疆維吾爾自治区民族団結教育条例』新疆人民出版社）。

「新疆ウイグル自治区宗教活動管理暫行規定（新疆維吾爾自治区宗教活動管理暫行規定)」(1990 年)（新疆維吾爾自治区人民政府法制辦公室編［1992］『新疆維吾爾自治区法規規章匯編 1990』新疆人民出版社）。

「新疆ウイグル自治区宗教活動場所管理暫行規則（新疆維吾爾自治区宗教活動場所管理暫行規則)」(1988 年)（国務院法制辦公室 http://fgk.chinalaw.gov.cn/article/dfgz/198811/19881100293616.shtml、2013 年 5 月 26 日閲覧）。

「新疆ウイグル自治区宗教事務管理条例（新疆維吾爾自治区宗教事務管理条例)」(1994 年)（新疆維吾爾自治区人民代表大会常務委員会法制委員会編［1998］『新疆維吾爾自治区地方性法規匯編 1992-1997』新疆人民出版社）。

「新疆ウイグル自治区宗教事務条例（新疆維吾爾自治区宗教事務条例)」(2014)
新疆ウイグル自治区人民政府ウェブサイト
http://www.xinjiang.gov.cn/xinjiang/fsljzcfg/201705/ae7fbb20c9864d78bdd37f1006f21a66.shtml
(2021 年 2 月 28 日閲覧)

「新疆ウイグル自治区（筆者注 宗教の）極端化を取り去る条例（新疆維吾爾自治区去極端化条例)」(2017) 新疆ウイグル自治区人民政府ウェブサイト
http://www.xinjiang.gov.cn/2017/03/30/128831.html (2017 年 11 月 22 日閲覧)

「新疆ウイグル自治区宗教職業人員管理暫行規定（新疆維吾爾自治区宗教職業人員管理暫

行規定）」（1990 年）（新疆維吾爾自治区人民政府法制辦公室編［1992］『新疆維吾爾自
　治区法規規章匯編 1990』新疆人民出版社）。

「中華人民共和国教育法（中華人民共和国教育法）」（1995 年）（中華人民共和国国務院辦
　公庁編［1995］『中華人民共和国国務院公報』中華人民共和国国務院辦公庁、第 10 号）。

「中華人民共和国境内外国人宗教活動管理規定（中華人民共和国境内外国人宗教活動管理
　規定）」（1994 年）（国家宗教事務局政策法規司編［2010］『宗教事務条例―相関法律法
　規及政策手冊―』宗教文化出版社）。

「中華人民共和国憲法（中華人民共和国憲法）」（1954 年、1975 年、1978 年、1982 年）（竹
　内実編訳［1991］『中華人民共和国憲法集』蒼蒼社）。

「中華人民共和国憲法（中華人民共和国憲法）」（2004 年）（『中華人民共和国中央人民政府』
　「国務院公報」http://www.gov.cn/gongbao/content/2004/content_62714.htm、2013 年
　5 月 30 日閲覧）。

「中華人民政治協商会議共同綱領（中華人民政治協商会議共同綱領）」（1949 年）
　（竹内実編訳［1991］『中華人民共和国憲法集』蒼蒼社）。

「中華人民共和国未成年人保護法（中華人民共和国未成年人保護法）」（2012 年）
　（中華人民共和国国務院辦公庁編［2007］『中華人民共和国国務院公報』中華人民共和国
　国務院辦公庁）。

「中華人民共和国民族区域自治法（中華人民共和国民族区域自治法）」（1984 年）（中華人
　民共和国国務院辦公庁編［2001］『中華人民共和国国務院公報』中華人民共和国国務院
　辦公庁、第 14 号）。

中共中央、国務院「宗教工作をより良く成し遂げる上での若干の問題に関する通知（中共
　中央、国務院関於一歩做好宗教工作若干問題的通知）」（1991 年）（国家宗教事務局政策
　法規司編［2010］『宗教事務条例―相関法律法規及政策手冊』宗教文化出版社。

「我が国の社会主義期における宗教問題に関する基本的観点と基本政策（関於我国社会主
　義時期宗教問題的基本観点和基本政策）」（1982 年）（中共中央文献研究室総合研究組・
　国務院宗教事務局政策法規司編［1995］『新時期宗教工作文献選編』宗教文化社）。

あとがき

　筆者がウイグルのイスラム社会に興味を持つようになったのは、北京大学の考古学部に留学していたときに、大学の奨金（「留学生優秀賞」2位）を得てシルクロード考古の遺跡を巡り歩いたことがきっかけであった。競争と拝金主義が蔓延した当時の中国社会に複雑な思いを抱えるなかで、イスラム信仰に裏打ちされた現地の商道徳を知ったことがイスラムに対する興味を掻き立てた。現地のバザールやタクシー車中でしばしば耳にした、「アッラーがみているから」というさりげない一言が今でも鮮明に記憶に残っている。

　こうしたことをきっかけとして筆者は中東や東南アジアのイスラム世界を漫遊するようになり、やがてイスタンブル大学に語学留学をすることになった。そこで目にしたのは、イスタンブルのファーティフモスクで行われた「ウルムチ事件」（2009年）の追悼礼拝であった。ウイグルとトルコ人が一堂に会して行っていた金曜礼拝を見たとき、テュルク系民族の気迫に満ちた連帯と、地図には現れないムスリムの共同体が存在していることに改めて気付かされた。そして、テュルク系民族のイスラム復興に興味を持ち、同志社大学大学院の内藤正典研究室の門を叩いた。

　本書のもとになった博士論文は、筆者が内藤研究室で行った8年の研究成果を集大成したものである。内藤研究室ではテュルク系民族のイスラム信仰と近代化の相剋に関するさまざまな知識を得、2012年からは日本学術振興会の「頭脳循環を加速する若手研究者戦略的海外派遣プログラム」でトルコに長期滞在する機会を与えて頂いた。第2章で取り上げた新疆におけるイスラム復興と宗教統制の把握や第5章で取り上げたスーフィーとの出会い、第4章で取り上げた急増する離散ウイグルの支援活動の観察は、この長期滞在によって可能になったものである。ひとくちにイスラム復興といっても実にさまざまなタイプが存在することも、この滞在において確認できた。本書では、これらをスーフィー、サラフィー、民族主義者から転換したサラフィーに分類して取り扱っている。

　中国は建国75年を迎えようとしている。本書で詳述したように、中国共

164

産党といえども手当たり次第に宗教を弾圧しているわけではないが、ウルムチ事件の混乱やイスラム復興の世界的潮流を受けて、現地では宗教の統制が以前にも増して厳格化されており、近年では職業技能教育訓練センター（再教育キャンプ）の存在なども指摘された。宗教の段階的死滅論が新たなステージに入ったと言えるかもしれない。

　本書はひとりの力で書くことはできなかった。多くの方々の指導と援助のもとで執筆が可能となった。特に、大学院の指導教員の内藤正典先生、博士論文指導副査の中西久枝先生、加藤千洋先生には、博士前期課程の頃より貴重な御教示と温かい励ましの御言葉を頂いた。筆者を快く受け入れて下さった中国ムスリム研究会にも感謝の意を表したい。中国ムスリム研究会で出会った新免康先生からは、本書に関する多くのコメントを頂いた。また、澤井充生先生からは、本書の土台となった研究発表や論文執筆、事典執筆の機会を与えて頂いた。感謝申し上げる。そして、イスラムの神髄を御教授頂き、大学院に進学することを後押し、数々の研究の場を提供して下さった櫻井秀子先生に深く感謝したい。

　資料の閲覧を許可して下さったトルコディアネットワクフ（Türkiye Diyanet Vakfı）附属のイスラム研究センター（İslam Araştırmaları Merkezi）の職員の皆さまにも御礼申し上げる。なによりも、インタビューに応じてくれた多くのウイグルにも深謝しなければならない。トルコでの調査中、いつも温かい食事とお茶を用意して研究生活を励ましてくれたデミルビレッキ（Demirbilek）一家にも感謝している。そして、遅筆な筆者をやんわりと叱咤激励下さった文理閣の山下信編集長にも感謝したい。最後に筆者の研究生活を支えてくれた友人や家族に心から感謝の意を伝えたい。

　2023年3月　　　　　　　トルコ　イスタンブルにて　　中屋昌子

著者紹介

中屋　昌子（なかや　まさこ）

同志社大学大学院グローバル・スタディーズ研究科（グローバル社会研究博士）
同志社大学一神教学際研究センターリサーチ・フェロー
同志社大学フェミニスト・ジェンダー・セクシュアリティ研究センター・嘱託研究員
近畿大学非常勤講師（中国語）、武庫川女子大学非常勤講師（文化交流史、多文化共生）

論文「社会主義政権下中国におけるイスラム復興 —新疆ウイグル自治区を事例に—」
　　（2021年一神教学際研究（JISMOR））ほか

信仰と越境のウイグル
「進歩」の共和国から復興のイスラム共同体へ

2023年10月10日　第1刷発行

著　者　中屋昌子
発行者　黒川美富子
発行所　図書出版　文理閣
　　　　京都市下京区七条河原町西南角 〒600-8146
　　　　TEL（075）351-7553　FAX（075）351-7560
　　　　http://www.bunrikaku.com
印刷所　有限会社　プラネット・ユウ
ⓒ NAKAYA Masako 2023
ISBN978-4-89259-928-6